U0798849

身体矫正操

3分钟完美塑形

REMEDIAL GYMNASTICS

3 minutes

〔韩〕朴淑姬 著
曾甜甜 译

天津出版传媒集团
天津科技翻译出版有限公司

著作权合同登记号:图字:02 – 2016 – 73

图书在版编目(CIP)数据

身体矫正操：3 分钟完美塑形/(韩)朴淑姬著；
曾甜甜译. —天津：天津科技翻译出版有限公司，2020.6
书名原文：Remedial Gymnastics
ISBN 978 – 7 – 5433 – 3652 – 0

Ⅰ.①身… Ⅱ.①朴… ②曾… Ⅲ.①健美操 Ⅳ.
①G831.3

中国版本图书馆 CIP 数据核字(2019)第 038299 号

몸신의 바른 몸 교정 체조(REMEDIAL GYMNASTICS)
Copyright © 2015 by 박숙희 (Park Suk Hee, 朴淑姬)
All rights reserved.
Simplified Chinese translation Copyright © 2020 by Tianjin Science & Technology Translation & Publishing Co., Ltd.
Simplified Chinese language edition is arranged with HEALTH CHOSUN CO., LTD.
through Eric Yang Agency

中文简体字版权属天津科技翻译出版有限公司

出　　版：天津科技翻译出版有限公司
出 版 人：刘子媛
地　　址：天津市南开区白堤路 244 号
邮政编码：300192
电　　话：022 – 87894896
传　　真：022 – 87895650
网　　址：www.tsttpc.com
印　　刷：北京博海升彩色印刷有限公司
发　　行：全国新华书店
版本记录：710mm × 1000mm　16 开本　9.5 印张　120 千字
2020 年 6 月第 1 版　2020 年 6 月第 1 次印刷
定价:48.00 元

(如有印装问题,可与出版社调换)

目录 Contents

读者交流群使用说明

建议配合二维码一起使用本书

本书配有读者微信交流群，群内提供读书活动和资源服务。读者入群与群友交流身体矫正操的学习心得和实践经验，充分掌握动作要领，提高练习效果。读者可根据需要加入感兴趣的交流群。

入群步骤

1. 微信扫描本页二维码
2. 根据提示，加入感兴趣的交流群
3. 群内回复本页提示的关键词，参与读书活动，领取阅读资源

微信扫描二维码
加入身体矫正操读者交流群

群服务介绍

【全身准备操】回复“准备”，获取全身准备操示范视频

【体形矫正操】回复“体形”，获取体形矫正操示范视频

【脸部矫正操】回复“脸部”，获取脸部矫正操示范视频

【音　乐】回复“音乐”，获取身体矫正操练习背景音乐

【瑜　伽】回复“瑜伽”，获取音频资料

【打　卡】回复“打卡”，坚持打卡，获取阅读福利

愿所有人都能寻回初生之美

我是3个孩子的妈妈，也是一名普通的家庭主妇。过去，就算颈部、肩部、骨盆等身体部位疼痛，我也和大部分人一样选择坚持，直到实在无法忍受才肯去医院，而且常常是在不知道到底哪里疼痛的情况下去求医。后来才知道身体疼痛的原因是身体变形。之后通过朋友介绍我开始走上了体形矫正之路。恢复体形之后，感觉沉重的身体像要飞起来一样轻松。疼痛的消失才让我有“活过来”的感觉。同时，矫正体形还矫正了我不对称的脸部。由此我明白是身体变形让我的体形和脸部轮廓走样。也正是这一领悟让我走上了体形矫正师这条路，决心去帮助那些和我一样不知道真正原因而饱受痛苦的人。

以多年治疗经验来看，身体疼痛或小病痛的原因多是“关节移位或肌肉扭曲和僵直”。特别是，如果从颈部到骨盆的脊椎及肌肉出现移位，整个身体都会出现变形的现象。同时还会引起身体不对称，如：由骨骼和肌肉错位引起的左右肩不同高、O形或X形腿、突出来的腹部赘肉等。严重的甚至会影响脸部，如：凹凸不平的额头、高度和大小不同的眼睛、凸出来的颧骨、厚厚的双下巴等。

变形的身体不仅会引起体态的走样，而且会有很多复杂的并发症。因并发症身心疲惫而来矫正中心治疗的人很多，我会教给他们一些简单有效的方法。这些方法不只是局部问题的“克星”，而且是矫正不对称、打造完美身材和脸庞的“终极秘诀”。这些方法也并非仅短时间有效，而是自己在家就能做，且效果持久。这也是我发明身体矫正操的初衷。

身体矫正操的基本原则是放松日常生活中劳累的身体。让我们想想坐在书桌前的姿势，本来应该时常活动，但是平时我们经常“低头或者偏坐向一边”。同理，身体的各个部位都要多活动，不然“不正确的姿势”会导致体形走样，身体僵硬。因此我们需要通过身体矫正操来有效地改善身体和脸部状态。

正如自然修复法则一样，矫正操也很好地利用了身体的“自我治愈系统”。只要矫正一两次，骨关节排列不整齐和肌肉僵硬引起的身体不对称就会得到缓解。长期坚持就能有效去除身体微弯就显现出来的赘肉，“摆正”偏向一边的身体，拥有苗条的身材和有弹性的皮肤都不是梦想。同时也能拥有一张均匀对称而且美丽的脸庞。

所有商品都有说明书来介绍使用和运作方法。如果身体也有一张“说明书”，那么“身体哪儿坏了就能修哪儿”。我认为，这本书便是“身体矫正说明书”。因为这本书详细地说明了使身体对称的秘诀。通过这本书中的练习，希望所有人都找回苗条的身材、娇小的脸庞，并感受那份喜悦。

体形矫正专家 **朴淑姬**

PART 1

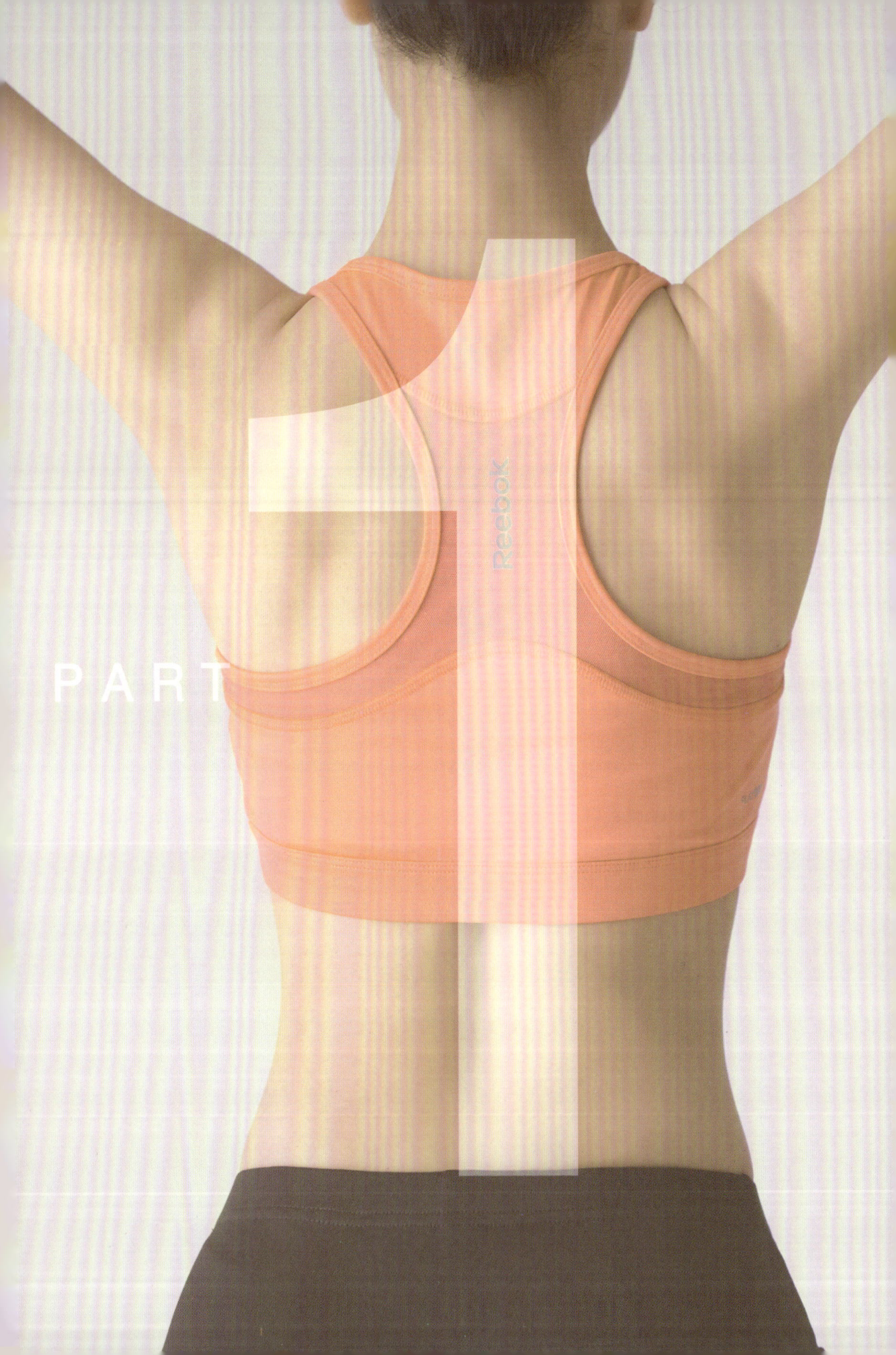

第 1 部分

3 分钟 矫正操

体形的不匀称会破坏身体初生之美，看起来显得非常不对称。“身体矫正操”能帮助你改变现在的体形和脸形。一种矫正操只要坚持 3 分钟就够了。不仅能让体形和脸部轮廓恢复正常，而且能打造苗条的身材和清晰的五官。

脸部，体形，疼痛
一次性全解决的一石三鸟之计

史无前例的
3分钟矫正操

什么是改变脸形和体形的矫正操？

矫正操就是要矫正不对称的脸部和体形。骨骼和肌肉的不对称不仅会影响健康，而且会对外形造成影响。脸部和体形不对称、身体疼痛的原因便是体形走样。矫正好体形便能找回健康和美丽。

首先介绍“全身准备操”。在正式开始脸部和体形矫正操之前，需要通过准备操将僵硬扭曲的肌肉拉伸开。在身体僵硬的情况下突然运动可能会受伤，并且矫正效果也不理想。

“脸部矫正操”是让脸部五官更加精致对称。脸部的变形多与颈部的变形有关，所以书中有很多矫正颈部和肩部的动作。脸部的矫正非常重要，因为脸部不像身体可以用衣服挡住，即使用头发遮也无法全部遮住。所以我们可以先集中矫正最严重的部位，同时为了恢复脸部匀称的轮廓，应该以其他矫正操作为辅助。

相比之下“体形矫正操”的适用范围更加广泛。每个人都有希望矫正的一两处身体部位。体形走样会引起连锁反应，如体形不匀称或者某一部位的不匀称(即不对称，整体体形不好看)。体形矫正操就是要矫正身体、消除疼痛，恢复身体最好的状态。

脸形矫正操是不需要触碰脸部的。不触碰脸部怎么矫正脸形呢？

不触碰脸部就能矫正脸形? 这也是大家最好奇的。说到“脸形矫正”，大部分人都会想到直接按压脸部和脸部经络按摩，但是脸部变形的根本原因要从身体上找。

我长期分析研究体形和脸形之间的关系，并且确认脸部的样子就折射出脊椎的样子。简单来说，脸形的问题大部分都是脊椎和骨盆变形引起的。所以，如果让身体的骨骼、关节和肌肉都回归原位，那么，脸形自然也会变得好看。

具体来说，脸形和体形有什么联系呢？

为了让大家更加容易理解，给大家举几个例子说明。

1.驼背会让脸变形。背如果挺不直，脸形也会跟着发生变化。背如果向前倾，左右脸部面积会变大，上下会变长。相反的，如果背挺直、骨盆位置正确，脸就会像瘦了一样变小。

2.颈部和脸部有着直接的联系。颈部分布着连接颧骨、脸颊、额头、下巴的神经及肌肉。如果颈部变形脸部轮廓也会变形，而且脸看起来显大或显老。只有让颈部和肩部恢复原状才能打造立体的“童颜”脸庞。

3.强化骨盆肌肉塑造尖下巴。脸上赘肉增多失去弹性，可能大家觉得是因为变胖了、老了、有双下巴了。其实这和骨盆的肌肉有很大关系。骨盆部位的大臀肌和坐骨（坐在地上时接触到地面的骨骼）周围的肌肉如果弹性不足，下巴周围赘肉就会增加。所以只有骨盆肌肉有弹性，脸部肌肉才会有弹性，同时下巴才会尖起来。

通过矫正操能像整形一样塑造我想要的脸吗？

脸部矫正操并不是整形手术，不能任意人为地雕塑脸形、眼睛、鼻子和嘴。只会帮你找回自己脸部最好看的样子。也就是说，矫正操能改善脸部不对称，让五官变得和谐。

我认为，鸭蛋脸并非最好看。即使是圆脸和长脸，只要比例均衡都很好看。因为不论哪种脸形都有自己的魅力。但是有的人并没有保持本色。最后整个脸部轮廓变形，脸部左右不对称。其实，体形走样也会造成脸部轮廓变形，五官看起来也不和谐。

如果做矫正操，那么脸部轮廓就能回到原本的状态。小眼睛会变大，下陷的额头会恢复，鼻梁也会挺起来。“找回脸部最初的轮廓”是矫正操的效果之一。

做矫正操会变瘦吗？

如果说“体重”是瘦的象征，那么“体重”一般不会明显下降。但是经常有人会问矫正操会不会有减肥效果。我想说，如果我们的体形走样，就会导致淋巴和血液循环不畅，从而使代谢下降，赘肉就会堆积。相反，如果骨骼、关节和肌肉恢复良好状态，堆积的赘肉就能被有效清除，身体曲线就会显现。坚持做矫正操就能让你穿衣变得宽松一些，体形苗条一些。

不在矫正中心治疗，自己做矫正操也能达到预期效果吗？

那是当然的。我们也为大家开发了一些新的矫正操，但是基本都是在矫正中心实际治疗的动作。虽然在中心会有矫正监督，但是我们也会给顾客“矫正操处方”以便在家中做矫正操。因为只有在家里也同时锻炼，矫正效果才会更加理想。

在矫正中心直接进行矫正操锻炼会让变形的身体恢复 90%。而不在矫正中心，就按照书中介绍的方法自己锻炼，也能让身体恢复 70%以上。

只要每天投资 3 分钟，脸部轮廓和身体曲线就会有变化。3 分钟的努力就能获得美丽的脸庞和优美的体形。

在“我是体形塑造之神”节目中看见了 3 分钟矫正 O 形腿和提升脸部的片段，但是实际上在短时间内能实现吗？

现场所有观众都见证了 3 分钟矫正操的效果。在节目中我们让 20 多岁的女性做了 3 分钟矫正 O 形腿的体操。通过前后对比发现，3 分钟后膝盖之间的距离明显减小了。脸部提升也做了 3 分钟的前后对比。一位 50 多岁的女性在做完简单的矫正操之后，脸部确实有明显的向上提升效果。我们还做了臀部的提升操，效果同样明显。所有在现场的观众看完还是很惊讶，表示难以置信。

事实上，不管是谁都能够通过矫正操短时间内矫正变形的身体部位。但这绝对不是一劳永逸的。我们的身体会自动调整到“舒适的姿势”，这是身体的特性。所以想要维持矫正的体形，还需要持续地注意身体姿势，继续做矫正操。

要想维持矫正的状态应该怎么做？

日常生活中的姿势和习惯非常重要。盘腿坐立、开车时靠在一边、单肩挎很沉的包等坏习惯都会打破身体的均衡状态。要随时谨记：正确的姿势才能使身体和脸部保持匀称。请观察一下自己是否有需要马上矫正的不良姿势。

为了保持体形，做完矫正操之后最好坚持做颈部、肩部和腰部的矫正操。一般情况下，只要颈部和腰部没有异常，体形就不会再走样。

Q 效果会因人而异，怎样才能拥有更好的效果？

一般来说，女性要比男性更容易矫正。因为男性的骨骼肌肉比较硬，而女性的肌肉较软而且弹性好，稍微努力一点体形就能恢复正常。但是最终效果还要看个人的意志和努力。

此外，年龄也会影响矫正的效果。身体年龄越年轻，肌肉和骨骼柔软度就越高。反之，年龄越大，骨骼和肌肉的僵硬程度就越严重，矫正自然就要花更多的时间。但是性别、年龄也永远无法战胜热情。就像我一直强调的一样，矫正操做得有多努力效果就有多好。

“一组 50 次，一天做三组，共 150 次”同样的嘱咐，有的人勉强做 50 次，有的人却做 300 次。哪种效果更好？可想而知，当然是后者。

在本书中建议的运动次数是见效的最少次数。如果体力和时间允许，做得越多越好。

Q 除了变漂亮和苗条之外，矫正操还有其他功效吗？

脊椎可以说是我们身体的“顶梁柱”，从上到下连接颈椎、胸椎、腰椎和骶椎。只要其中一个部位变形，向上会导致颈部、肩部和脸部变形，向下会导致腰部、膝盖和脚踝变形。如果体形不匀称，就算是年轻的时候，颈部和肩部也会疼痛，腰部和膝盖同样也会疼痛。此外，突然性的动作可能会让关节错位，也可能引起腰椎间盘突出和脊椎狭窄症。

矫正操的最终目标是“治疗”，而不是变漂亮。它是让倾斜的身体、走样的体形恢复原状，找回原本的匀称美，改善由身体变形引起疼痛的疾病、疲劳感、头痛、消化不良等。

平时膝盖、腰部或者肩部不能运动的人也可以做矫正操吗？

越是身体疼痛的人越需要做矫正操。有疼痛就代表身体结构有变形。让身体恢复原状不就是矫正操吗？

根据疼痛的部位矫正。如果是脚踝、小腿、膝盖、大腿、股关节、臀部等下肢疼痛，那么在做矫正操之前，请先做第 3 部分体形矫正操中的两个准备操（第 56 页和第 60 页）。调整好骨盆前后均衡和左右高度之后，下肢的疼痛就会消失。因为下肢的疼痛大多数是骨盆的倾斜引起的。矫正完骨盆之后就可以根据自己所需来矫正其他部位。

如果是腰部、肩部、颈部等上肢部位疼痛，就要以仰卧进行的动作为主。仰卧能让脊椎接触地面，不会给颈部和肩部增加负担，能在不伤身的前提下矫正上肢。

可以根据疼痛程度减少动作次数，重要的是不要超出自己的承受范围。但是，没有必要过分减少仰卧背部着地的动作次数，按照最少建议次数做就能很好地缓解疼痛。

一共有 3 种矫正操，想矫正的部位比较多的时候，按什么顺序比较好？

不管是矫正脸部还是体形，开始之前一定要做第 2 部分的“全身准备操”来放松肌肉。全身准备操之后，再做自己想做的局部操即可。

对脸部矫正操而言，不要只做脸部局部操，而应该从脸部矫正准备操做到收尾操。因为解决局部问题应该在脸部均衡的基础上进行。第 4 部分的脸部矫正操全套最好一天做很多次。若想见效更快，可以先做第 3 部分的体形矫正操后再集中解决局部部位。

第 3 部分的体形矫正操只要挑自己想做的练习即可。但是为了让效果更好，建议在做完准备操中的两个动作（第 56 页和第 60 页）之后，再进行局部练习。不管是什么动作，如果在身体不对称的基础上盲目练习，只会伤到骨骼和肌肉，甚至让不对称更加严重。由于骨盆是我们身体的重心，所以应该在保持骨盆对称的情况下矫正其他部位，这样效果也会更好。

自我诊断

身体不对称自我诊断

脊椎的形态是最重要的。从正面看，脊椎应该是“1 字形”；从侧面看，应该是“S 形”。左右对比，肩部、腰部、骨盆、指尖和膝盖应该是平衡的。请确认一下自己的肩部线条或腰线是否左右对称，侧面检查一下自己的颈部和肩部的中心是否呈“1 字形”。

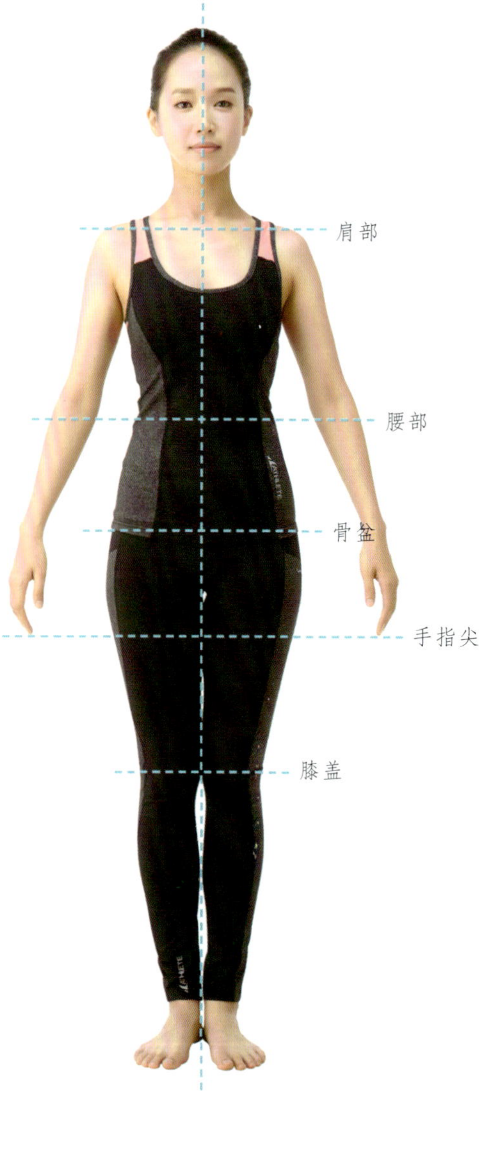

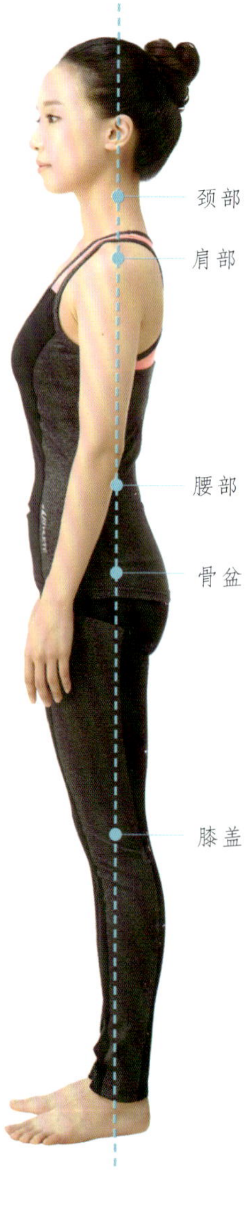

你的身体发出的倾斜信号

以下项目是日常生活中坏习惯发出的身体倾斜信号。
如果超过 7 项,那么你的身体已经不对称了。

☐ O 形腿或者 X 形腿。
☐ 走路时内八字或者外八字。
☐ 穿裙子时向一侧旋转。
☐ 穿鞋时一边破损更严重。
☐ 不以腰而以骨盆为准选衣服尺寸。
☐ 盘腿坐的时候往一侧倾斜比较舒服。
☐ 颈部、腰、骨盆、膝盖等关节有疼痛。
☐ 腿粗细不一样。
☐ 腿长度不一样。
☐ 脚踝经常不适。
☐ 小腹特别大。
☐ 肩部和背部微驼。
☐ 后颈僵硬疼痛。
☐ 睡觉时偏好侧向一边。
☐ 睡着之后也不能放松,总翻来覆去。
☐ 经常有痰。
☐ 经常听人说臀部两侧不一样大。
☐ 臀部和大腿赘肉多。
☐ 重心偏向一边倾斜站立比较舒服。

脸部不对称自我诊断

请对着镜子观察一下自己的眼睛、鼻子、嘴、脸颊的形状和宽度、下颌线、耳垂高度等是否左右对称。观察脸部是否对称要比观察身体更加方便容易。

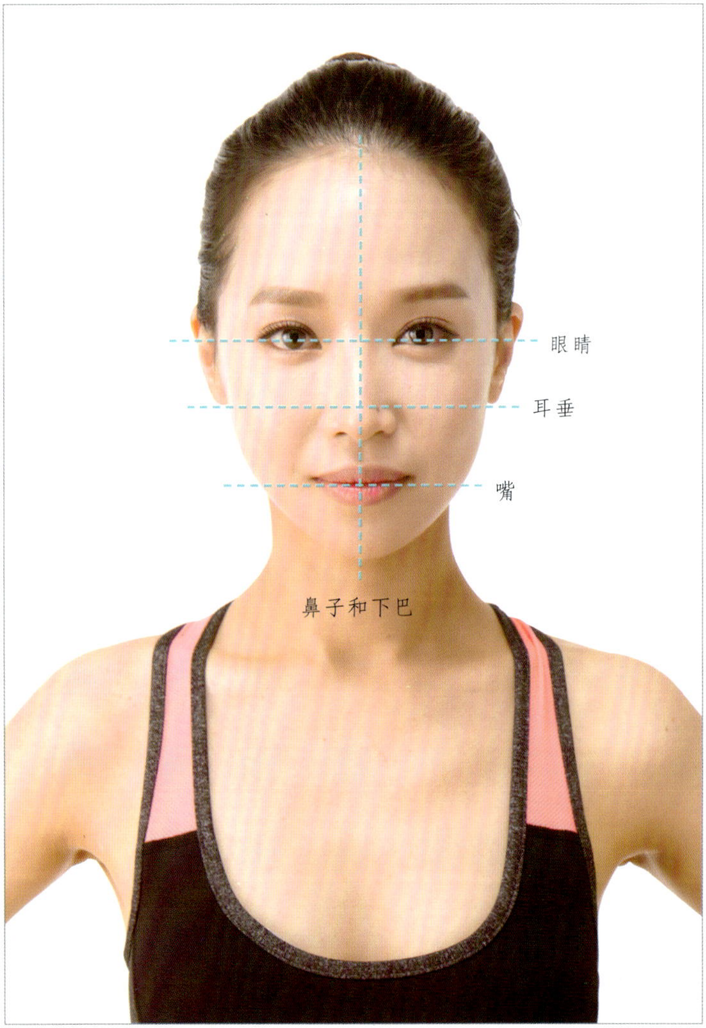

一目了然的脸部和身体关系图

脸部的不对称其实是由脊椎和骨盆等身体不对称引起的。书中介绍的“脸部矫正操”不是直接矫正脸部的，而是通过矫正不对称的身体来间接解决脸部问题。在介绍脸部矫正操之前，让我们来了解一下脸部和身体的关系。

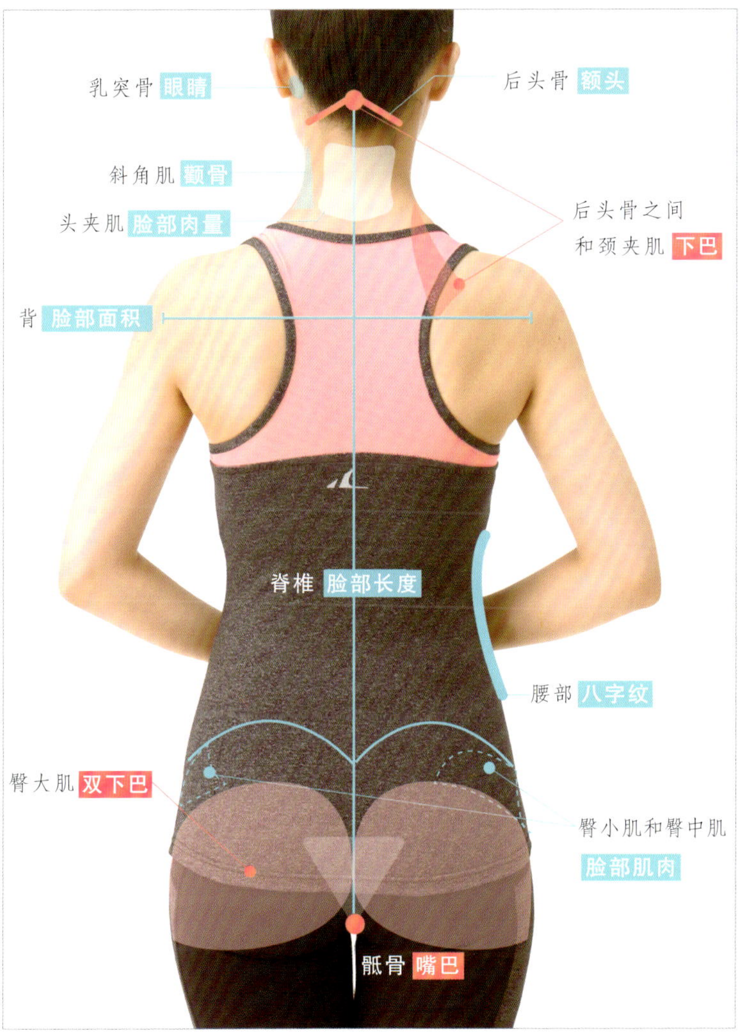

身体矫正
释疑

决定脸形的脊椎和骨盆

到底是从什么时候开始脸变大了呢？以前脸很小，难道是因为年纪大了？胖了？所以现在很多人为了瘦脸盲目效仿别人减肥，结果脸颊凹进去。如果你认为脸上的赘肉是单纯的体重问题，那就很难瘦下来。其实脸胖并不是年龄和体重的问题，而是决定脸形的脊椎和骨盆问题。

脊椎形状和脸的大小有着密切的关系。脊椎变形时脸就会变大。驼背时竖脊肌会被拉长，同时脸也会变长。结果导致耳、鼻、口和颈部都变形，看起来像上了年纪一般。

现在，请马上站到镜子前看看自己的颈部线条。从侧面看，耳朵和肩部应该是在一条线上的，同时颈椎呈 C 字形。如果你的脸变大了，那就可能是颈部骨骼变成了 1 字形。这种情况下颈部就会变得很粗很短，甚至分不清颈部和肩部的明确界限。颈部变成 1 字形脸也会随着变宽。相反，脸小的人颈部大部分都是 C 字形。

此外，如果只是脸颊的赘肉增加，那么很有可能是骨盆变形引起的。和脊椎相连的骨盆与脸颊、下巴、嘴巴有一定的联系。如果脸的下半部分赘肉增加变宽、有双下巴等，那么很可能是骨盆下移或者变宽。

骨盆变形不仅会影响脸部，而且会影响臀部形状。坐着的时候，臀部肌肉是不用力的，臀部容易变得扁平。反之，臀部很小，拥有“苹果臀”的人一般脸都很小，特别是下巴轮廓特别清晰。

那么让脊椎和骨盆变形的罪魁祸首是什么呢？答案正是坐姿。坐下的瞬间，我们往往会选择最舒适的坐姿。比如：身体放松不用力、驼背、身体偏向一边、跷二郎腿。所以学生和职场工作者脊椎和骨盆更加容易变形。因为他们一天中有很长时间都是坐着的。

如果你的脸某段时间突然变大或者变宽，那么请在镜子前检查一下自己的体形，可能发现自己颈部弯曲、肩部微驼、腰椎变直；也有可能发现骨盆左右高度不一样，骨盆向一边或某一方向倾斜。

如果想让脸变小，不应该侧重于减肥或者经络按摩，而应该调整脊椎和骨盆位置。可以集中练习第 2 部分的全身准备操。脊椎和骨盆是维持我们身体平衡的支柱，它们状态良好就能让全身肌肉分布均匀。这样，脸也自然会变小，耳、鼻、眼睛会凹凸有致，脸部左右也会对称。

正常的颈部

脸小的人颈部为 C 字形。

一字颈部

脸大的人颈部为 1 字形。

脸漂亮颈部也漂亮

对于漂亮脸庞的普遍标准为没有过分凹凸，脸部轮廓清晰。当然通过整形手术和经络按摩也可以实现，但问题是"Yo-yo effect（反弹）"。如果没有从根本上解决脸部不对称，通过其他方法变美效果是无法持久的，一旦停止又会慢慢变回原来的模样。

美人不仅脸漂亮，颈部也很漂亮。颈部分布着很多肌肉和神经，这些都与脸部息息相关。如果颈部出问题，五官可能不正或脸部轮廓不清晰。

想要变美，首先要检查一下自己平时的习惯。看书或看报纸的时候、用电脑或手机的时候姿势是否正确。很多人会像乌龟探头一样，颈部向前伸出。这样一来为了支撑，颈部和肩部就会变得紧张。最终导致颈部由"C 字形"变成了"1 字形"。

除了姿势，压力也足以让颈部变形。在压力大的时候，颈部就会变得僵硬。如前文所述，肌肉僵硬会导致颈椎变形，从而引起脸部变形。压力可被视为万病之根，当然也可以看成脸部变形的帮凶。如果想变美就先要解压，而且要找到自己的解压方法。不管是休息还是运动，让全身肌肉放松下来尤为重要。

第 4 部分脸部矫正操主要是放松颈部和肩部肌肉，让周围变形的肌肉恢复原状。可以在空闲时间矫正不正确的姿势，缓解压力带来的问题。

没有一个人是天生脸部不对称的。只要大家坚持矫正颈部，让颈椎保持健康状态，就一定能守护美丽。变美，就是这么简单。

脸部问题的真正原因

1.额头

头部和颈部的警戒线，即颈后部变形时额头也会凹凸不平。

2.眉毛

肩部的高度不一致会导致眉毛高低不一。

3.眼睛

颈椎两侧肌肉如果不对称，眼睛会下垂和变形。

4.太阳穴

颈部倾斜太阳穴会深陷。

5.颧骨

颈椎由“C字形”变成了“1字形”时，颧骨会凸出变大。

6.脸颊

骨盆不对称，脸颊会深陷或者水肿变长。

7.鼻子

脊椎变形鼻骨也会变形。

8.嘴

骨盆下半部分的骶骨（呈三角形）如果变形，那么嘴也会随之变形。

我为什么会变成 O 形腿

减肥去掉赘肉，运动练就腹肌，弯曲变形的腿却难变直。但是弯曲变形的腿真的无法变成“1 字腿”吗？

O 形腿的出现有遗传的因素。螃蟹腿，即因小腿骨弯曲引起的症状。但是其中的一部分人并不是天生的，而是后天形成的。因此矫正是很有可能的。

那么我们来看看是什么让我们的腿慢慢变得弯曲了。比起坐在椅子上，你更喜欢盘腿坐在地上吗？即使坐在椅子上，你会不会跷二郎腿或者把一只脚放在椅子上？平时穿高跟鞋吗？正是这些不经意的习惯导致我们的腿慢慢变形。

另外，如果小时候腿的形状无异常，但是随着年龄的增长而变形了，那么骨盆变形的可能性很大。骨盆连接脊椎和腿，作用尤其重要。如果骨盆下移或倾斜，骨盆中心的肌肉会松散，股关节便会支撑不住，随之而来的便是膝盖向外生长，变成 O 形腿。

此外，骨盆和脊椎相连，脊椎变形会引起骨盆变形。所以想要矫正 O 形腿，脊椎和骨盆都需要矫正。更严重的是，O 形腿可能会导致脚底变形。如果脚掌严重向内弯曲或者扁平，膝盖之间的空隙变大就会导致 O 形腿。这种情况下需要就医使用特殊的鞋垫等护具治疗，矫正操则具有一定局限性。

但是就像前面说明的一样，如果骨盆变形导致 O 形腿，矫正操就有效果。再则，因骨盆变形引起的 O 形腿比较常见，建议患者先做矫正操进行矫正。

我曾经在《我是体形塑造之神》节目中讲过“O 形腿矫正法”。当时体验的患者 O 形腿在 3 分钟内得到明显改善。只要大家坚持练习 O 形腿矫正操（第 110 页），就一定会有好的效果。

但是，要先做第 3 部分中的准备操。做 O 形腿矫正操之前应该把骨盆矫正好，这样才会有更好的效果。如果同时做骨盆矫正操和 O 形腿矫正操，你会见证两腿之间的距离一天缩小 1~3cm 的惊人效果。

可是无论如何，坚持不懈才是最重要的秘诀。O 形腿矫正操以锻炼肌肉为主。众所周知，肌肉有回到原来位置的惯性。所以一定要坚持训练肌肉，让 O 形腿慢慢恢复正常。但是，可以肯定的是，大家如果下定决心想要变成一字腿，就会有很大希望。

矫正
事例 1

24岁"大妈脸"到"童颜"的完美转变

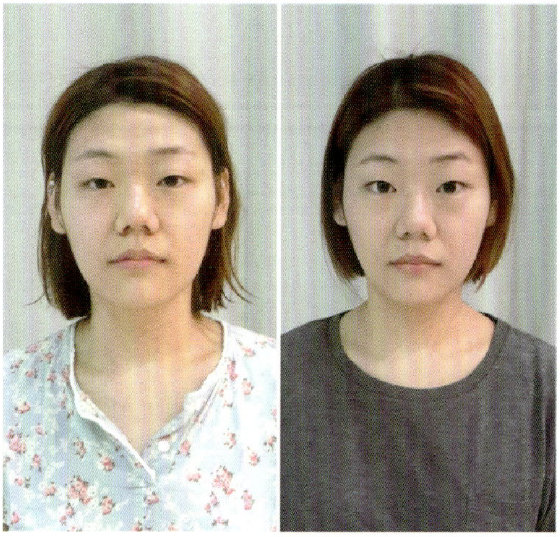

（李珍雅，24岁）

"眼睛慢慢地变小了。并没有做手术把外眼角往外拉，怎么眼睛会往外侧变长呢？眼皮也慢慢地下垂。以前即使是单眼皮，也经常听人说看起来很精神，但是为什么眼睛会慢慢变小呢？"

李珍雅因为眼睛问题找到了我们，但是实际上，眼睛以外的部分也有些问题。她才 24 岁就已经有了明显的八字纹，嘴唇也失去了弹性，往两边延伸的嘴看起来更显年纪大。或许大家觉得她本来就长成这个样子，但是在我看来，这是一张处处变形的脸。

脸部“完全沦陷”的理由很简单，就是颈部僵直引起的。李珍雅的颈部便处于很严重僵直的状态。可以看到，她的颈部粗而短，肩部明显向上提。还是一名学生的她，包里装满了书，非常重。

经常背很重的书包，会出现很多连锁问题，如颈椎弯曲。为了稳住重心，肩部一侧会自然地紧张向上提起，颈部会偏向一侧，让后颈变得僵直。如果颈椎弯曲，和颈椎末端相连的骨盆也会偏移，自然臀部便会下垂，变得松弛。如上所述，身体只要有一处出现异常，就会有连锁反应出现。

为了给李珍雅矫正脸部，我们系统地矫正了她的脊椎、骨盆、肩部和颈部，也教会她自己在家里就能进行的简单矫正操。大家可以看到，在矫正之后，她的眉眼更加分明，眼睛也变大了。此外，矫正了她的一字腰之后，她的八字纹改善了，腰部疼痛也缓解了。再则，调整好骨盆的肌肉和构造之后，唇线也变得好看了。

如果我们能矫正好作为身体中心的脊椎、骨盆、肩部和颈部，那么脸便会变小，而且皮肤会像做过提拉手术一样往上提、有弹性。此外，体形也会变得紧实、苗条。我们可以看看周围的人，有一些人是连臀部和大腿的界限都无法明确区分。还有一些人是腰椎呈一字形，没有弧度。这些人只要矫正得当，就能恢复原本的美丽。

矫正完之后，我们再次找到了李珍雅。她说，之前因为眼部下垂，还犹豫要使用肉毒杆菌还是做手术，但是在矫正完后才发现自己做了最正确的选择。周围的人也惊讶地询问她看上去年轻 5 岁的秘诀是什么。她还说，自己从“大妈脸”突然变成“童颜”，这让她惊喜不已。现在只要有时间还是坚持做矫正操。李珍雅谨记着我的建言：如果不改变不正确的姿势，即使矫正完了也很难维持效果。所以她现在养成了很好的习惯，比如“包要尽量轻一些，实在没办法就常换肩背”。

矫正事例 2

整形手术也做不到的"印象手术"

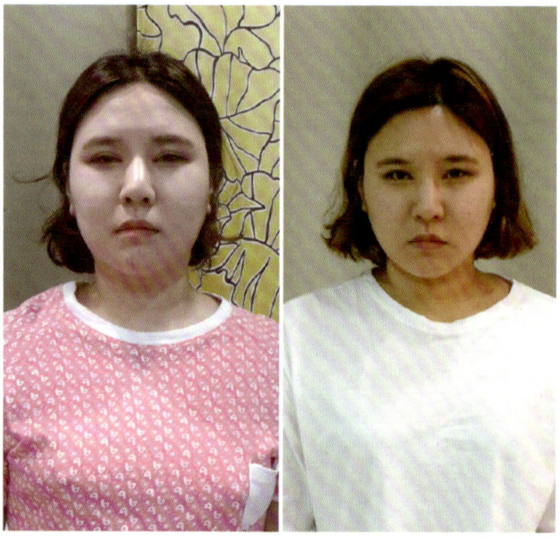

（朴美拉，34 岁）

"我最苦恼的是年纪大了，面相看起来很凶。可能是胖了，面相也变了。我也想过减肥，但是都没有什么效果。不知道是不是没控制好饮食，脸水肿得很厉害。"

看到她的第一印象就是看着太凶。做过整形手术的眼睛和鼻子凸显出来，脸上像做了脂肪移植手术一样水肿不堪。她本人表示刚做完整形手术的时候非常满意，但是时间长了就慢慢地开始变化。她自己单纯地认为是“胖了”。

其实朴美拉应该在整形之前做好矫正的。在颈部到骨盆的肌肉和骨骼都有问题的情况下选择了整形，且想通过整形手术来拯救变形的脸，这当然是有问题的。整形初期确实会变得漂亮，但是问题慢慢地就表现出来了。通过整形并不能解决问题，因为体形变形才是根本问题。

朴美拉从颈椎到骨盆都存在变形，颈部和肩部尤为严重。颈部和肩部贴在一起，又僵直又短，几乎分不出来颈部和肩部的界限，肩部则向上凸出，当然颈椎和骨盆不可能正常。驼背很严重，骨盆左右、前后都不对称。

其实，平时的各种姿势是最重要的。特别是对上班族来说，工作时倚在桌子上，休息的时候歪歪斜斜躺在沙发上都是不正确的。人们日常生活中有很多不正确的姿势，比如驼背坐立，倾斜倚靠一边。再加上人们基本上不活动，也不做额外的运动，所以运动量也不足。就是因为不动，变形的依然变形，肌肉僵硬、体形不对称也会慢慢加重。

通过矫正操改变脸形和体形，朴美拉本人都觉得特别惊讶。颈部和肩部放松了下来，眉眼更加分明，整体看起来很柔和。骨盆位置正了，向下的嘴角也提了起来，嘴唇也厚实起来了。尤其是在矫正骨盆之后，脸上的水肿消除了，身体的水肿也改善了。朴美拉欣喜地告诉我们，她穿上了之前穿不了的裤子，以前穿上都不能随意行动的夹克也变得很合身。

“特别神奇，从头到尾没有触碰我的脸，脸居然变小了。家人们和朋友们都说我变漂亮了。所有的一切都发生在 2 个月内，这让我更加惊喜，比做完整形手术的时候还要开心。如果我之前知道身体变形是最大的问题，就应该在手术之前矫正体形的，太遗憾了。”

矫正事例 3

2 个月内收获完美 1 字腿

(金娜英,28 岁)

“一眼看上去,身材很好,脸也很漂亮。但是向下看到腿,就没了自信。我是 O 形腿,双膝之间间隔 7cm 之多。远远地看过来,漂亮脸庞有多明显,腿也有多突出。O 形腿无法治疗,我已经放弃了。但是听说可以矫正,所以将信将疑来到这里”。

“医生,你让我做什么我都会认真做,你一定要帮我把 O 形腿矫正过来。都快 30 岁了我真的很想穿一次迷你皮裙。”

她当时的眼神很坚定,我觉得有这样的意志力矫正应该没有问题。矫正 O 形腿我的帮助是次要的,主要还是由自己在家中做矫正操的努力程度而定。我建议她每天做 150 次,而金娜英很勤奋,每天做了 300 次。不光是 O 形腿矫正操,如果体力充足,她还会做脊椎矫正、臀部矫正、走路姿势矫正等矫正下肢的 7 种矫正操,每种 300 次。正因为这份热情让她尝到了甜果。从 7cm 到 0cm 这种变化无疑是惊人的。

有一天她发来一张照片,照片中的她穿着黑色迷你皮裙,1 字腿笔直,几分帅气的背后,有柔情也有性感。

矫正事例 4

扁臀女闪变翘臀妹

（郑素妍，25 岁）

从郑素妍背后看，以为是一位 50 岁的阿姨。不禁让人感叹“臀部肥大”原来是这个样子。但是郑素妍才 25 岁而已。她不仅下肢肥大，上身和下身的比例也完全不协调。上衣穿 55 号，裤子却是 77 号。

很多上班族大部分时间都坐在办公桌前，容易导致颈部和肩部肌肉僵硬，脊椎弯曲变形。下肢肌肉变弱，赘肉增多，导致无法分清臀部和大腿的界限。

在矫正脊椎和骨盆的同时，我们还让她做了提拉臀部肌肉的矫正操。多做臀部提拉运动，肌肉就会有弹性，臀部就会慢慢变成“桃子”般丰满。她周围的人也经常问“你是不是做脂肪移植手术了？”现在就算听到这样的疑问，郑素妍也很开心。

腰、大腿、小腿和脚踝都变瘦了，也变紧实了，但是在做臀部矫正操后，变化最大的还是臀部。从事 20 年矫正事业的我也感到很惊讶。夸张一点可以说臀部是以前大小的一半。特别是郑素妍的臀部像桃子一样紧实有弧度，也让她可以炫耀一番。

矫正
事例 5

矫正驼背,脸也变小了

（金英恩,30 岁）

“别人都是上点儿年纪脸上的赘肉会减少而变得干瘪,但是我脸上为什么反而长赘肉呢？”金英恩女士第一次来矫正中心时,一度埋怨脸上长赘肉让五官变得不清晰,下巴也堆积着脂肪,脸看起来变大了。我让金英恩女士向后转,发现她后背微驼,肩部前倾向身体内侧靠拢,脸又平又宽。虽然从背后看就能猜测出脸的样子,但是比起大脸,她弯曲的背部问题更加严重。一般脸上赘肉多且脸又平又大的人背部也很宽。金英恩女士背部向前弯曲,肩部向内靠拢。颈部非常僵硬,不管坐在哪里手臂都会不自觉地支撑在腿或桌子上。如果生活中经常这样的话,背部和肩部会蜷缩得更加厉害。

只有把弯曲的背部完全伸展开,脊椎才会整齐对位。内部骨骼整齐了,外部的轮廓也就清晰了。下颌线明显了,五官也会变得端正清晰。在矫正颈部和肩部结构的同时,颈部和肩部的线条也会变得美观许多。弯曲的背部得到完全的伸展,松弛的腹部赘肉也会随之消失。位置前移的五脏六腑也会回到原来的位置,在拉伸腹肌的同时,皮肤也会变得有弹性。

发现自己下颌线不明显、脸又大又平时,请观察一下你的背部。背部的模样就是脸的模样。

矫正
事例 6

解决严重性脸部不对称问题

（张珠贤，32 岁）

第一次见到张珠贤的时候甚至不敢相信自己的眼睛。矫正过那么多患者，第一次见到这么严重的患者。首先，她的两只眼睛完全不对称，就像一只在 1 楼，一只在 2 楼。另外，她的颈部和肩部已经变形到难以维持正常生活的程度。而且，她的颈部已经严重变形，像贴在墙上听别人说话，自己根本无法自由移动颈部。所以我们一开始就告知患者“抱歉，我们现在没办法保证矫正的效果，因为你的情况比较严重，不知道肌肉和骨骼是否能自由移动”。我们简单地检查了一下张珠贤的身体。万幸的是肌肉比较健康，可以进行矫正。张珠贤本人非常坚定，她开始往返釜山和首尔之间，接受一周 2~3 次的矫正治疗。

但众所周知，矫正是一个艰难的过程。她只有在让脊椎，特别是颈椎周围的肌肉持续活动 20 分钟之后才能勉强地左右活动颈部，症状非常严重。她要付出其他患者 3 倍的努力，才能得到甚微的效果。就这样往返釜山和首尔之间的第 14 次之后，她的双眼基本对称，颈部和肩部也能比较自由地活动，原来不对称的颧骨也变得对称了；脸部整体轮廓变得清晰了，效果非常显著。

现在，张珠贤偶尔还会来矫正中心。检查一下自己体形是否正常。偶尔还会再接受一次矫正治疗。

PART
2

第 2 部分

全身 准备操

如果在身体僵硬时做身体矫正操，可能会使身体更加不对称，还可能伴随疼痛。所以为了矫正变形的肌肉和骨关节，先要放松身体肌肉，做全身准备操。在做第 2 部分矫正脸部和体形之前，要先运动脊椎和骨盆，让身体保持均衡。下面给大家介绍能提升矫正效果的全身准备操。

微信扫描本页二维码，回复“准备”观看本部分视频

在矫正操开始之前做，提升效果

助你找回全身均衡的肌肉拉伸运动

放松全身肌肉的运动

如果不放松全身肌肉就开始做脸部或者体形矫正操，有可能会对僵硬的身体造成负担。所以一定要做让全身肌肉放松的热身运动。全身准备操包括颈部、肩部、背部、骨盆等部位，由放松身体部位的 7 种运动构成。

让全身的关节和肌肉回归原位

脸部或者身体倾斜是因为只使用特定的肌肉。如果连接骨骼和关节的肌肉变形，骨骼和关节也会偏离原位。全身准备操就是集中放松平常不使用的肌肉，让骨骼和肌肉回到原来的位置。

在矫正操开始之前做，效果更好

在放松全身肌肉之后，再重点解决问题部位，效果会更好。只有放松紧张的肌肉，在做矫正操的时候身体才不会偏向一边，动作也能做得更加到位。只有将脸部和体形矫正操动作做得准确到位，才能更好地刺激运动的部位，取得更好的效果。如果有特别希望矫正的部位，也一定不要直接就做矫正操，一定要在做完全身准备操之后再开始做局部矫正操。

矫正脊椎

脊椎非常重要。只有连接整个身体的脊椎健康，身体才会挺拔。但是在我们坐立和运动的时候，让脊椎挺直并非一件容易的事。因为现在很多人的脊椎都是处于变形的状态。但是如果平躺下来，拉伸脊椎就变得容易很多。所以我们可以多做躺在地上的动作，改善脊椎变形，实现身体左右对称。

起床后和睡觉前做拉伸运动效果最佳

全身准备操虽然是做矫正操之前做的运动，但是我们平常起床后或者睡觉前做拉伸运动是效果最佳的。大部分都是平躺做的动作，在睡觉之前做可以消除一天的疲劳。起床后在床上躺着做一做，也能促进血液循环，开始美好的一天。

全身准备操锻炼方法	1.在做矫正操之前先做5分钟热身运动。 2.在很硬的地上做准备操。 3.如果能按照书中要求做动作最好，若觉得勉强可以根据自己的承受能力而定。 4.做动作时感觉到轻微疼痛最佳。 5.做动作时，保持呼吸平和。 6.如果已经拥有了自己想要的脸庞和体形，可以跳过准备操直接做脸部或者身体矫正操。

全身准备
1

提升大腿肌肉弹性

20 次

平躺，背部贴紧地面，双臂张开，手背接触地面。

效果　大腿肌肉和腰部肌肉相互连接。小腿向后折叠，大腿的肌肉会被拉伸。只有放松肌肉，让肌肉变得柔软，作为身体中心的腰部周围肌肉才会更有活力。

左腿自然伸直，右腿向后折，脚后跟放在臀部位置。按压臀部右侧和膝盖 10 秒后，再次将膝盖伸直平躺。反复做 20 次，反方向重复。

全身准备

2 打造柔软灵活的股关节

20次

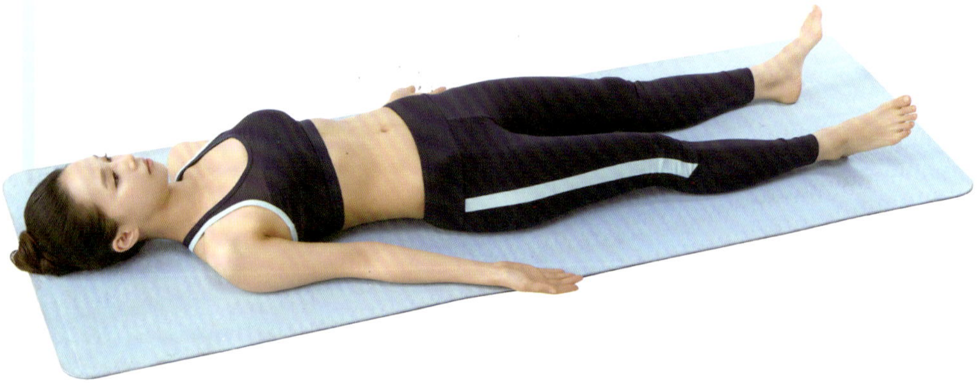

平躺，背部贴紧地面，双臂和腿部宽于肩部自然张开，手背接触地面。

效果　通过此动作放松股关节和腿部肌肉，有利于提高下肢的柔软性，促进血液循环。只有灵活移动股关节和腿部，才能提升腰部力量。

要点

不要勉强，尽自己所能拉伸即可。

右腿尽量拉向胸部方向。随后，双手交叉抓住膝盖贴紧右胸。姿势维持 10 秒。

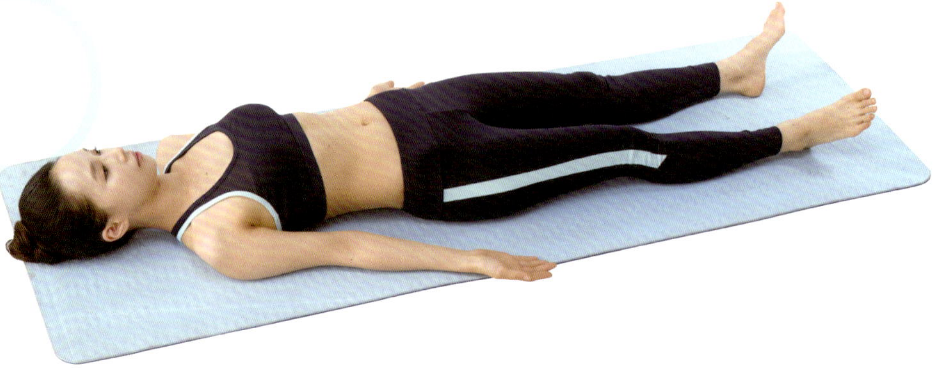

手臂慢慢放松，回到动作 1。

右腿尽量拉向胸部方向，随后双手交叉抓住膝盖贴紧左胸。姿势维持 10 秒。回到动作 1，反复做 20 次，反方向重复。

全身准备

3

拉伸肩部

20次

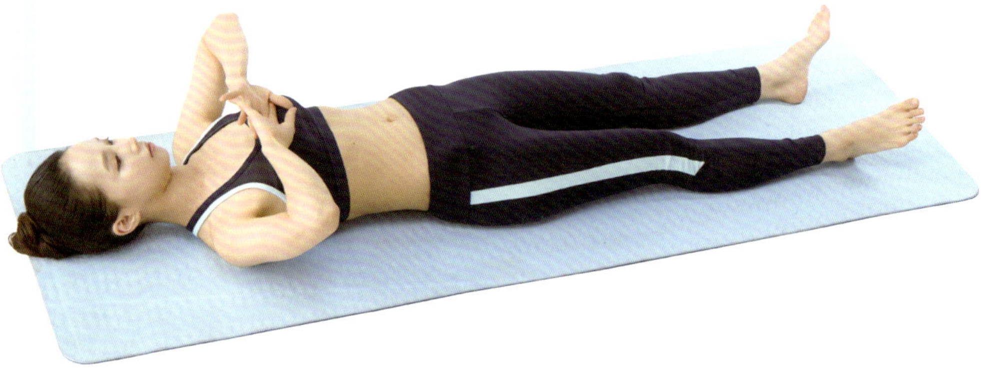

平躺,背部贴紧地面。十指交叉后,手背贴胸。

效果 经常保持一种姿势坐立，肩部和手臂会慢慢变得僵硬。坚持做这一动作，能放松肩部和手臂僵硬的肌肉，同时颈部和肩胛骨也能保持不变形。

要点

做这一动作尽量使背部离地。肩部发力，拉伸手臂。

手臂与身体保持垂直，维持 10 秒。这时，手肘伸直，手掌朝上向上推，手臂尽量伸直。随后回到动作 1，重复 20 次。

全身准备

4

矫正骨盆

20 次

坐下，双腿伸直，打开与肩同宽。

效果　这是矫正变形骨盆最基本的矫正操。骨盆连接上身和下身，只有骨盆位置正常，才能保持全身匀称。这一动作还能消除水肿，去除体内废物。

腰部挺直，双手抓住脚掌，重复 20 次。

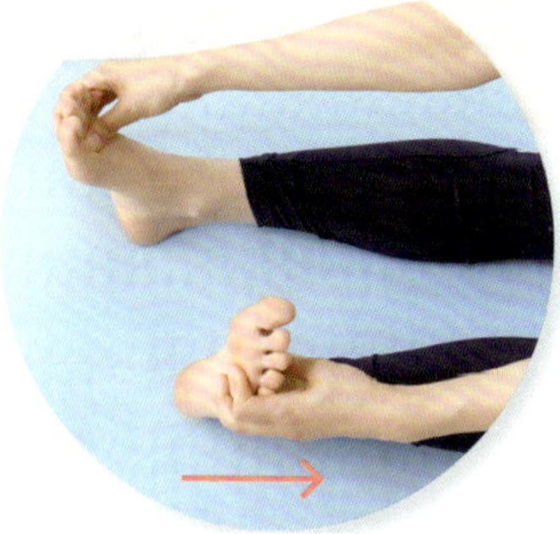

臀部不要离地，在身体固定的状态下，将左脚向骨盆方向拉伸，再回到原位。

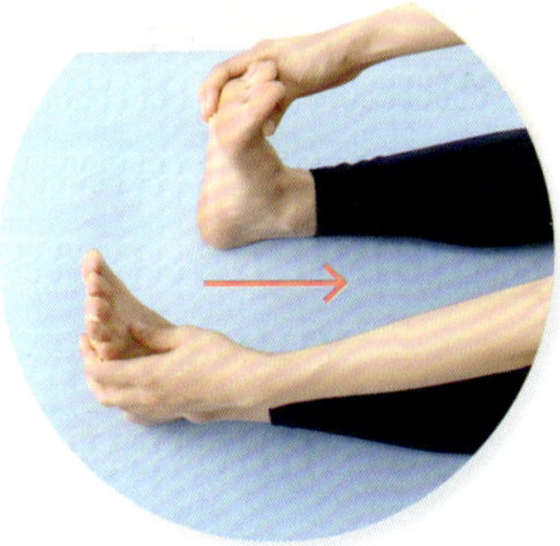

将右脚向骨盆方向拉伸，再回到原位。动作 3 和动作 4 快速做 20 次。

全身准备

5

拉伸脊椎

10次

平躺，背部贴紧地面。双臂和腿部宽于肩部自然张开。手背接触地面。

效果　通过脚背向身体方向勾起，拉伸全身僵硬的关节和肌肉。这一动作拉伸不常用的背部和大腿后侧肌肉，可舒气活血，促进血液循环。

脚尖向身体方向勾起，维持 10 秒。身体紧贴地面，全身发力。随后回到动作 1，重复 10 次。

全身准备
6

弯曲拇指

1次

盘腿坐立，腰挺直。手心向上放在膝盖上。

效果 此动作可以缓解僵硬的肩部肌肉，让颈部关节回到原位。拇指向外弯曲时，向身体内侧靠拢且僵硬的肩部及颈部能回到原来的位置，呼吸会变得顺畅，疼痛也会消失。

要点

拇指向外弯曲的幅度越大，肩部和颈部矫正效果越好。随着动作的熟练，动作难度提升，可以在手掌上放哑铃或者矿泉水瓶。

手用力张开，拇指向外弯曲。姿势维持 10 分钟。

全身准备

7 矫正脊椎位置

30次

平躺，背部贴紧地面。双臂和腿部宽于肩部自然张开。手背接触地面。

效果 此动作可使从上到下的脊椎整齐对位。在平躺的状态下，晃动按压全身或者让脊椎骨一节一节的整齐对位，可以增强竖脊肌的力量。

背部贴地，双臂向头部上方举起，尽量伸直。

3

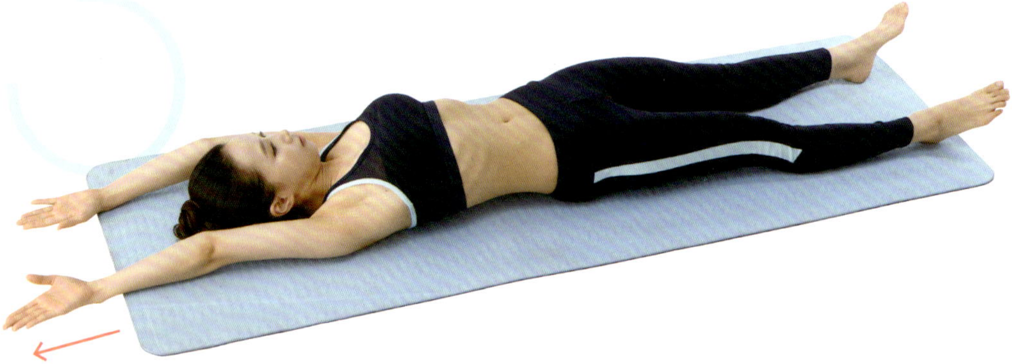

身体不要向左侧倾斜。在维持姿势的情况下，迅速将右手向上拉伸。

要点

从脊椎到大腿，手臂用力快速做动作。这时身体要放松，全身才能动起来。

同样的，将左手迅速向上拉伸。动作3和动作4连在一起做30次。

PART 3

第3部分

体形矫正操

这部分介绍打造完美体形的体形矫正操。日常生活中我们的一些错误姿势和不良习惯会打破身体左右和上下均衡。特别是“O形腿”“驼背”“下垂的臀部”等不美观的外形便是一些不均衡的表现。让我们一起来改变这些错误姿势和不良习惯，纠正体形上的缺陷，收获完美的线条，获得无限的活力。

微信扫描本页二维码，回复“体形”观看本部分视频

矫正倾斜的体形，改变体形的矫正操

矫正倾斜体形的矫正操

如果长期坐立不动，关节周围的肌肉会变得小而僵硬。体形矫正操便是通过锻炼不常用的肌肉部分，让骨骼整齐对位、肌肉正常运动，从而矫正倾斜不匀称的外形，让体形更加正常、完美。

颈部、肩部、腰部、膝盖等部位疼痛消失

如果骨骼和肌肉移位，压迫到神经，便会感觉身体处处疼痛。体形矫正操能让移位的骨骼回归原位，让变长、僵直、移位的肌肉也回到原来位置。这样，酸痛感、麻酥感、刺痛感、沉重感等骨骼和肌肉变形出现的疼痛都会消失。

减轻体重，打造身体曲线

通过体形矫正操不仅可以让拉长而僵直的肌肉找回均衡，体形变得匀称，而且能让赘肉变得紧实。就算不节食、不运动也能打造自然的身体曲线。再加上拉长的肌肉变得紧实了，皮肤收紧了，就算体重不下降，衣服尺码也能小一号。

体形和脸同时变美

体形是脸部问题产生的原因。所以体形变好看了脸也会变好看。如果为了体形而过度减肥，很容易造成脸部皮肤松弛下垂，而且身体的弹性也会下降。但是体形矫正操则正好相反。例如，只要让连接颈部和骨盆的脊椎恢复正常，就能让身体各个部位的赘肉消失，脸部下垂的肉提升向上，眼睛下方的肉变得饱满。

只矫正腰部和骨盆就能持久维持矫正效果

如果我们将变形的骨骼和肌肉矫正过来，但是不维持正确的姿势和好的习惯，那么身体会随时变回原样。维持体形最重要的一点便是维持好的生活习惯。然后才是矫正作为我们身体中心的骨盆和腰部。如果骨盆和腰部变形，便会打破上肢和下肢的平衡。

只要在可以承受的范围内坚持做腰部和骨盆矫正操就足以长期维持矫正后的体形和脸部。在此基础上，两种准备操和“打造柔韧度好又紧实的腰部肌肉(第96页)”“打造有弹性的大腿后侧肌肉(第98页)”“打造弹性十足的臀部(第104页)”一起练习，就能长期维持矫正效果。

体形矫正操锻炼方法	
	1. 先做全身准备操，再做体形矫正操。 2. 先做准备操，再做矫正具体部位的操。 3. 与颈部、肩部和腰部矫正操一起做效果更佳。 4. 如果能按照书中要求做动作最好，若觉得勉强可以根据自己的承受能力而定。 5. 做动作时，保持呼吸平和。 6. 书中介绍的是可以看见效果的最少次数，如果有余力，可以一天重复几次。 7. 平时要努力维持正确的姿势。

体形矫正
准备操
1

骨盆前后对称矫正

30次 右侧骨盆向身体后侧凹陷，左侧骨盆向身体前方突出的不对称状态

自我诊断

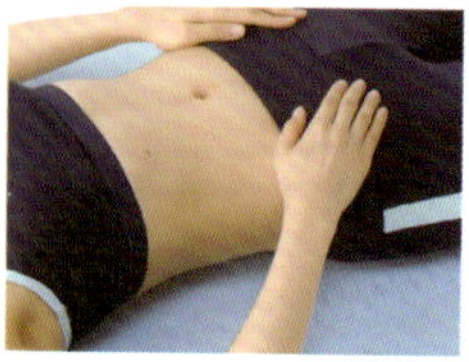

腰部贴于地面平躺，比较两侧骨盆的高度。如果骨盆向上抬升，则骨盆是向身体内侧突出，如果一侧骨盆比另一侧的位置低，骨盆是向身体后侧凹陷，这也是不对称的身体形态。

背部挺直平躺，将臀部抬起。将双手放于骨盆确认两侧的高度是否一样。

提示　这一矫正操用于纠正右侧骨盆向身体后侧凹陷和左侧骨盆向身体前侧突出的不对称。将向后凹陷的骨盆向身体里侧推，将向身体前侧突出的骨盆向身体里侧推。因为每个人骨盆的不对称程度不同，所以要通过抬起、放下臀部不断地确认骨盆的状态。用手摸骨盆的时候，如果骨盆前后没有明显差异，则略过开始的步骤，直接做想要做的局部矫正动作。

效果　骨盆向身体的前方突出或者向后凹陷都会使全身更不对称。这一动作通过骨盆前后的均匀矫正使错位的脊椎复位，并使身体上下活动更加灵活。

要点

此时，用手感受骨盆的活动。不要只是把手放在骨盆上感受上升的感觉，最好感受到骨盆向拉伸方向的移动。

2

抬起左侧的膝盖。用右手抓住右侧的骨盆并往身体的内侧向上推骨盆之后再放松。这时脚后跟固定在地面上，臀部和腰随骨盆自然移动。1 分钟内快速做 30 次。

3

背部挺直平躺，将臀部抬起。将双手放于骨盆两侧来确认两侧的高度是否一样。

将右侧膝盖抬起，右手撑在地上，用左手抓住左侧的骨盆向身体外侧推下再放松。脚后跟固定在地面上，臀部和腰随骨盆自然移动。1 分钟内快速做 30 次。

体形矫正
准备操
2

调节骨盆左右高度

30次

右侧的骨盆向下偏，左侧的骨盆向上偏的左右高度不一致的状态

自我诊断

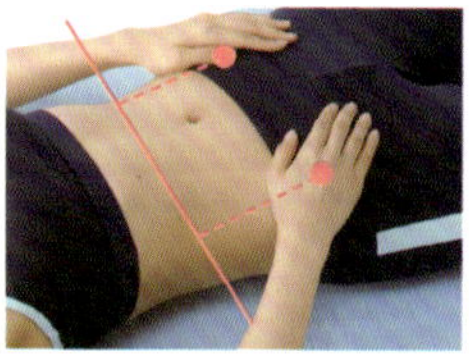

以腰为基准（肋下弯曲的地方），轻抚突出的两侧骨盆，确认其长度。骨盆向腰部提升，如果长度比较短，骨盆会上升；骨盆向腿部方向下伸，如果长度比较长，骨盆的左右长度也是处于不一致的状态。

1

背部挺直平躺，将臀部抬起。将双手放于骨盆来确认两侧的高度是否一致。

提示　这是矫正右侧骨盆向下偏以及左侧骨盆向上移、保持身体对称的矫正操。将向下偏的骨盆向头部方向拉伸。因为每个人的骨盆不对称的程度不一样，需通过抬升放下臀部不断地确定骨盆的状态。用手摸骨盆的时候如果能感受到骨盆左右对称，略过开始步骤直接做想要做的局部矫正动作。

效果 这套动作和第56页的骨盆前后对称矫正一起做。这一矫正操旨在矫正骨盆高度不一致，可以减轻骨盆变形。通过调节骨盆两侧的高度对向一侧倾斜、不对称的肩部、腰、膝盖的左右高度都可以调节。

2

抬起左侧的膝盖，左手撑地。右手放于右侧骨盆上。脚后跟固定在地面上，将着力点放于臀部，向头部方向抬起并放下骨盆。1分钟内快速做30次。

3

背部挺直平躺，将臀部抬起。将双手放于骨盆两侧来确认左右的位置是否一样。

4

将右侧膝盖抬起，右手撑在地上，将左手放于左侧的骨盆上方。脚后跟固定在地面上，将着力点放于臀部，将骨盆向脚尖方向拉伸。1 分钟内快速做 30 次。

体形矫正

1

颈部和肩部

调整肩部和颈部状态

30 次

将双腿张开与肩同宽，弯腰，双臂自然下垂。

效果 这是调整向前和向两侧弯的颈部、肩部骨骼以及肌肉的矫正操。将着力部位放在腰部，左右运动腹部，使向里侧靠拢的肩部伸直并使颈部和肩部的连接线更加整齐对位。

将着力点放在腰部，最大限度地弯腰。

3

将着力点放在腰部，使双臂处于无力状态，同时向右侧甩动双臂。

紧接着双臂向左侧甩动。做 30 次，每次甩 3~4 下。

体形矫正

2

颈部和肩部

打造圆滑的肩部曲线

20次

背部挺直平躺,将双臂抬到离地面 20cm 的高度。

效果　颈部的肌肉比较短，肌肉就向上移，肩部的曲线就会不太明显，颈部看起来会比较短。集中缓解颈部和肩部的肌肉僵硬状态，使肩部的曲线变得圆滑，颈部看起来会更长。

将双臂伸到头顶上方再回到第一步姿势。快速做 20 次。

体形矫正

3

颈部和肩部

改善肩部内缩

20 次

背贴地，平躺。竖直抬起双臂，掌心相对。注意手肘需保持笔直，发力。

效果　打开向身体内侧靠拢的肩部，使左右肩部保持水平。内缩的肩部肌肉得到缓解，胸部轮廓感也会增强。而且能改善上身变形的状况，打造迷人的身体曲线。

手背朝向地面，双臂向左右平直伸出，有弹性地再次举起。注意手背不要着地。快速做20次。

体形矫正

4

颈部和肩部

打造细长的颈部曲线

30次

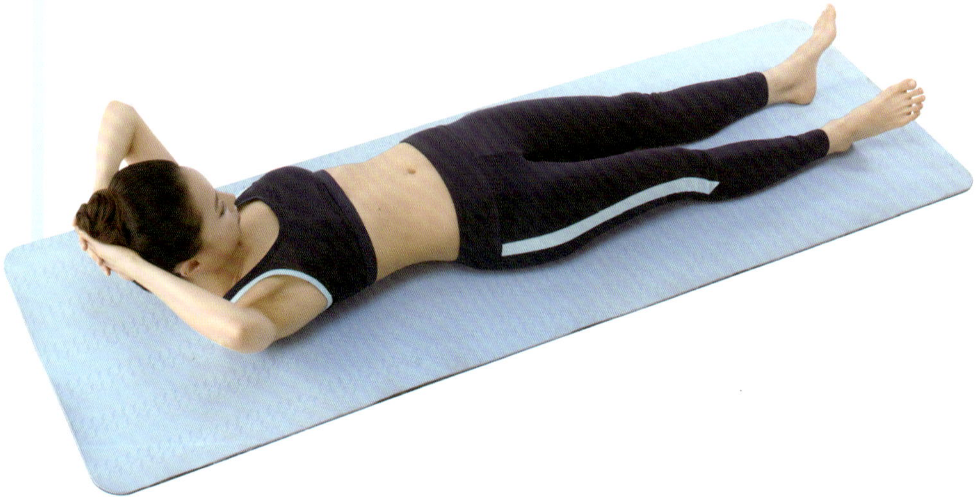

背贴地，平躺。双手十指交叉放在后脑处。肩部微微抬起，轻轻抬起头。身体贴在地面上发力。

效果　日常姿势不正确，颈部后面和侧面最容易僵硬变形。放松这部分肌肉，颈部构造将恢复正常，颈部会变得细长。同时颈部疼痛也会随之得到缓解。

双手发力，转动肩部，使右手手肘触地。

回到动作 1，双手再次发力，转动肩部使左手手肘触地。

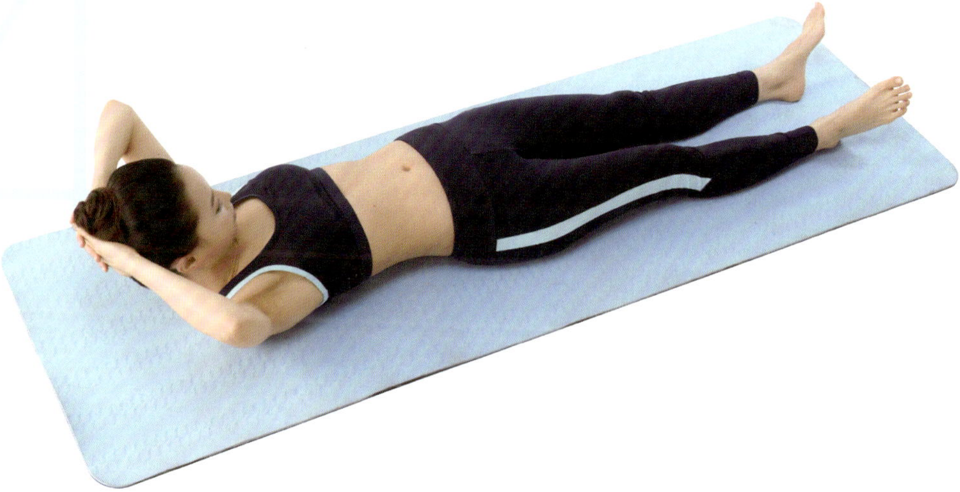

回到动作 1，双臂最大限度将头向上抬起。双手发力，尽量拉伸后颈。重复动作 2 到动作 4，做 30 次。

体形矫正 5

手臂

打造手臂曲线

30次

1

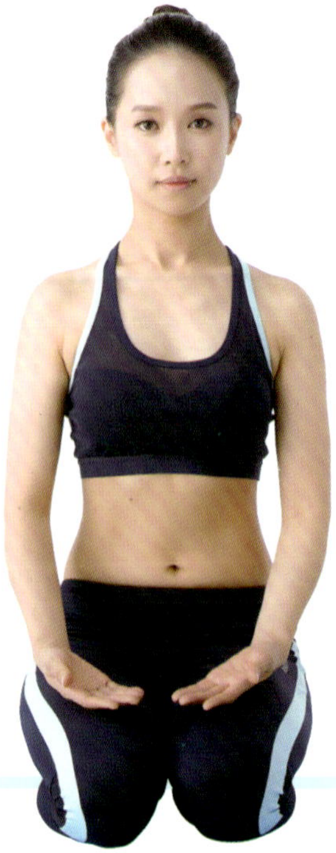

屈膝挺腰坐立。耳朵和肩部在一条直线上，尽量收下巴，做颈椎矫正基本姿势。手掌朝上自然放在大腿上。

效果 此动作可以强化手臂肌肉力量,提高手臂肌肉弹性,使手臂曲线更加好看,并且对改善手臂和肩部疼痛尤其有效。有时间多做此动作可以改善指尖酥麻的症状,并且能够促进血液循环。

手臂抬起,距地面 10cm 左右。手肘伸直,手背向上。

手臂发力,使手臂肌肉有扭曲的酸痛感,将手指尖转向身体内侧。

手臂发力，手指尖转向身体外侧。(尽量 1 秒钟内做 2 次)动作 3 和动作 4 快速做 30 次。

体形矫正
6

手臂
锻炼肩部，消除手臂赘肉

30 次

双脚与肩同宽站立。左手臂向左平直伸出，手掌按住墙面。左手发力，伸直。

效果　此动作可以矫正连接肩部和手臂的关节，锻炼拉伸手臂肌肉，使手臂肌肉有弹性，主要效果是去除“拜拜肉”。

手掌离开墙面则没有效果。一定要做到手掌推墙，手臂发力。

要点

固定手腕、肩部和身体，仅转动手肘。

手掌固定在墙壁上，仅转动手肘。手臂内侧肌肉有拉伸感，姿势维持5秒后回到动作1。再将手臂向外侧转，动作维持5秒后回到动作1。重复30次后，换右手重复动作。

体形矫正 7

背部

改善驼背

3次

要点

对女性来说，文胸钢圈的部位最容易驼背。

用毛巾包上喷发胶瓶等圆柱状的容器，垫在背部弯曲最明显的地方，平躺。手掌着地，双臂在身体两侧自然张开。

效果 如果驼背,背部的曲线会变得模糊,而且上身看起来会很笨重。只要弯曲的背部肌肉恢复健康,即使体重不减少,看起来也会显得苗条。同时受压力而变弱的肠胃也会得到改善。

要点

将背部放在床沿上,平躺。上身伸向床外,双臂伸直,刺激更强,效果更好。

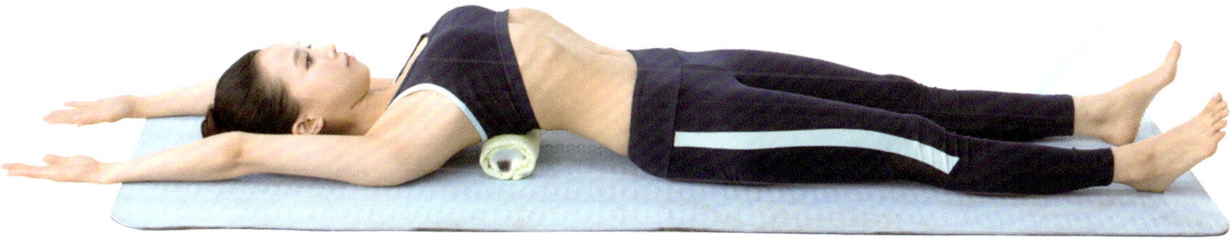

伸出手臂,举高过头部,手背尽量接触地面。姿势维持5分钟,随后回到动作1,重复3次。

体形矫正

8

20 次

背部

打造轮廓清晰的背部曲线

1

背部贴地,平躺。左臂竖直向上伸,右手抓住左手手腕。

效果 若颈部和肩部变形蜷缩，肩胛骨、锁骨和手臂也会变形，脊椎也会随之发生变化。通过此动作可以使肩胛骨左右对称，让变形的脊椎恢复正常，从颈部、肩部到背部自然会找回原有的弧度。

要点

在伸直手肘时，让肩部轻轻地偏转。

左手臂尽量向右边拉伸。重复 20 次后，反方向重复。

体形矫正

9

背部
打造柔和的背部曲线

20次

屈膝挺腰坐立。耳朵和肩部在一条直线上,尽量收下巴,做颈椎矫正基本姿势。双手抬起与胸部同高,手抓住手肘。

效果　肩胛骨、锁骨向一边凸出，背部也会变得凹凸不平，非常不美观。如果将锁骨矫正好，背部线条也会变得柔和，肩部和背部的疼痛现象也会随之消失。

手臂向外用力推，然后在不接触身体的状态下往下放，再回到动作1。注意颈部不要动，下巴尽量往后收。重复20次。

体形矫正

10

腹部

松软的腹部变得有弹性

10次

背部贴地，平躺，手背着地。并拢双腿，膝盖与大腿呈 90°，抬起。

效果　这个腹肌训练动作很简单，在家就能做。通过腹部肌肉的反复放松和卷起，让无力的腹部肌肉变得紧实。拉伸腹部，强化肌肉力量，不仅腹部会变得平滑，而且脊椎也能回到原来的位置。

腿部发力，双手用力推膝盖，姿势维持 10 秒。手肘伸直，用力推膝盖。膝盖向身体方向发力。做完之后回到动作 1，重复 10 次。

体形矫正

11

腹部

脊椎伸直，消除腹部赘肉

10次

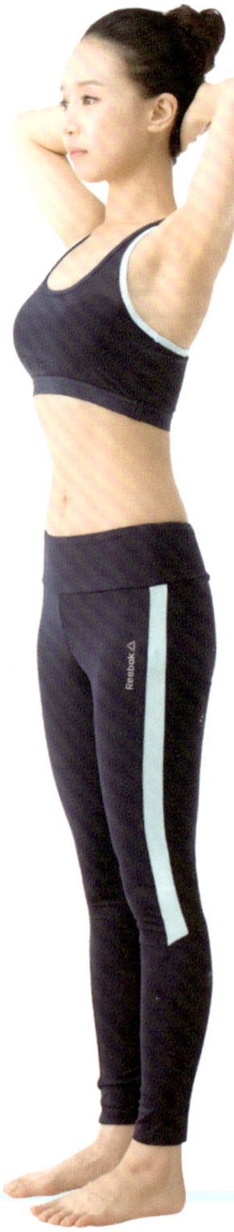

双脚与肩同宽站立，腰挺直。双手十字交叉放在脑后。

效果　若脊椎前倾或者骨盆下垂，腹部的赘肉就会变厚、凸出。此动作通过强化脊椎竖脊肌使脊椎伸直，同时消除赘肉。

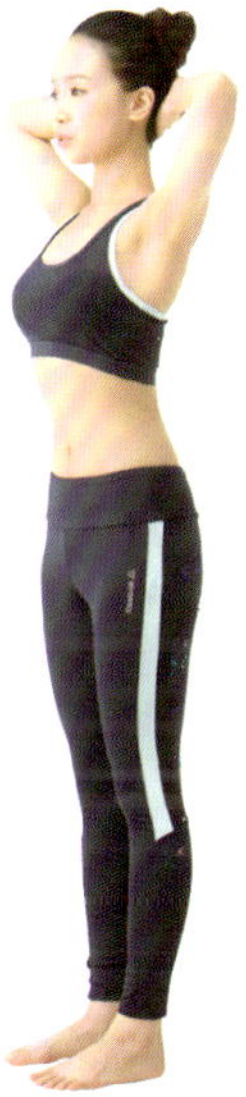

错误

如果用嘴或腹部呼吸，矫正操会没有效果。

腰部和括约肌（后庭）稍微用力，用鼻子吸气，将腹部向上提。十指相交的双手发力，把头向前推，同时腹部用力。随后慢慢地用鼻子呼气。做完后回到动作 1，重复做 10 次。

体形矫正

12

腰部

打造纤细的双肋

10 次

背部贴地，平躺。双臂打开伸直，手背着地。

效果 腰部和臀部的曲线不美，即两肋呈一字形，整个身体都会看起来圆圆的。此动作可以强化训练平时不常用的腰部肌肉，打造从腰到臀的迷人曲线。

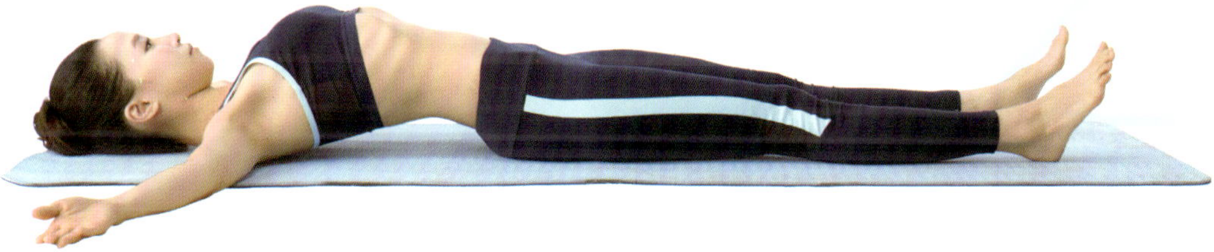

肩部和臀部固定在地面，仅腰部往上抬起。手臂不发力，腰部发力。注意臀部不能离开地面。姿势维持 10 秒，再回到动作 1。重复做 10 次。

体形矫正

13

腰部

协调腰部左右平衡

10次

右侧腰部的肌肉比左侧短的情况

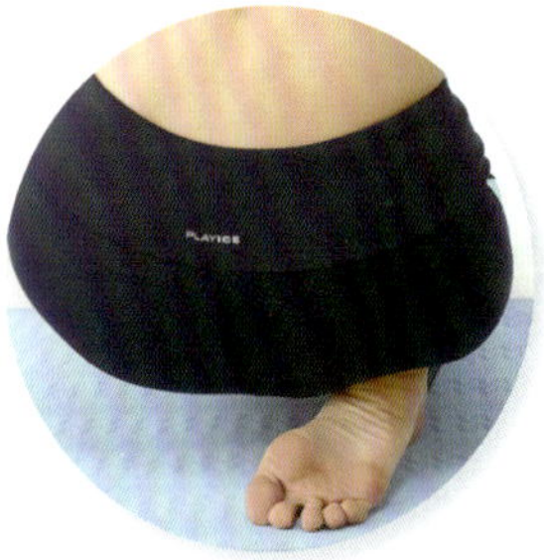

屈膝坐立后，右腿伸直。左脚脚后跟接触臀部，腰部弯曲。双臂抬起，双手抬至胸前。

效果 腰部左右两侧肌肉长度不一样时，身体会向一边倾斜。这样身体便会不对称，外观上会变得不好看。此动作便是通过拉伸较短的肌肉打造对称的腰线，让腰部挺直。

自我诊断

盘腿坐立，手伸向腰后面。如果有一只手往后面伸出的明显更深，那么腰部左右的肌肉长度就不对称。所以要通过坐下后反方向弯腰来拉伸较短的肌肉。

身体向左侧下压。手背接触到额头，姿势维持 10 秒后回到动作 1。如果这时额头无法接触到手背，那就尽量将头压到最低，让腰部有明显被拉伸的感觉。做 10 次。

体形矫正 14

腰部

打造柔韧度好又紧实的腰部肌肉

50 次

背部贴地，平躺。双臂伸直，手背着地。向上竖起双腿，与地面呈直角，然后打开与肩同宽。

效果　只有腰部柔软以及肌肉紧实，腰线才会好看。这一动作能强化腰部肌肉，打造腰部曲线，并且能改善弯腰时的疼痛感。

注意腿不能弯曲。左右旋转腰部。快速做 50 次。

体形矫正 15

腰部

打造有弹性的大腿后侧肌肉

20 次

背部贴地，平躺。双臂伸直，手背着地。右腿伸直，竖直向上抬起。此时脚尖勾起。

效果 在椅子上坐的时间越长，腿部肌肉就会越僵硬越短。若从腰到腿的后侧肌肉得到充分的拉伸，腿部就会有线条，也会有弹性，而且疼痛也会消失。

右腿往左边放，接触地面，再回到动作1。做20次后，反方向重复。

体形矫正

16

骨盆和臀部

让股关节回归原位

20 次

背部贴地，平躺。双臂伸直，手背着地。左腿屈膝竖起，右腿脚踝放在左腿膝盖上面。

效果 连接骨盆和大腿的股关节对大腿有很大的影响。股关节变形会导致 O 形腿或者 X 形腿。这一动作能将偏移的股关节回归原位,调节腰部和下肢肌肉更是效果明显。

右脚向胸部靠近,尽量让腰部离地。同时,左边的股关节受力,左膝盖尽量靠近胸部,右膝盖反方向发力。

保持原有姿势的状态下，按顺时针方向转动双腿。

做 20 次，反方向重复。

体形矫正 17

骨盆和臀部

打造弹性十足的臀部

20 次

背部贴地，平躺。双臂伸直，手背着地。右膝盖弯曲向外侧平放。随后，脚后跟自然放在左侧臀部不远处。左脚脚掌放在右膝盖旁边。

效果 这是同时解决僵直的腰部、大腿、臀部肌肉问题的矫正操。这一动作可以让骨盆僵硬的肌肉变得匀称，缓解从腰部到臀部僵硬的肌肉，让臀部肌肉有弹性，有曲线。

要点

要强烈刺激左侧臀部后侧肌肉，右手和左侧大腿必须发力。

右手按住左膝盖 5 秒，再回到动作 1。做 20 次，反方向重复。

体形矫正 18

大腿

打造完美的大腿曲线

50次

俯卧，手肘弯曲，手掌着地支撑上身。平视前方。

效果 如果不锻炼大腿肌肉，肌肉会变得短而僵硬。大腿前侧就会凸出来。缓解僵硬的肌肉，让大腿前侧线条变得柔和。

要点

骨盆固定在地面上，膝盖轻轻地抬起，尽量拉伸大腿前侧肌肉。

左腿膝盖弯曲，脚后跟尽量接近臀部后轻轻地放下。一分钟快速重复 50 次。做完后换另一条腿重复 50 次。

体形矫正

19

腿

打造又细又直的腿

100次

1

脚与肩同宽，挺腰站直。臀部收紧，膝盖用力，让括约肌（后庭）发力。

效果 “O 形腿打造成 1 字腿(第 110 页)”矫正操或者“X 形腿打造成 1 字腿(第 112 页)”矫正操之前一定要做。此动作可以强化腿部肌肉,让股关节、膝盖、脚踝关节回到原来位置,让腿伸直。

在腰部、括约肌、臀部发力的情况下,膝盖不弯曲,原地踏步。快速做 100 次。

体形矫正

20

腿

O 形腿打造成 1 字腿

50 次×3 组

要点

双腿长度不一的情况下，短腿脚尖稍微向前，双脚贴紧做动作。

局部图

站立，离椅子约 30cm，手指尖放在椅背角上。脚尖贴紧，双脚呈正三角形，脚后跟分开。如果光脚可能在做动作时双脚分离，所以一定要穿鞋做此动作。

效果　如果股关节向身体内侧靠拢，膝盖往外倾斜就会变成O形腿。挺腰，坐下再站直能锻炼骨盆肌肉，让股关节回到原来位置，O形腿自然就变成1字腿了。

自我诊断

· 1字腿

站直时，大腿、膝盖和脚后跟能贴到一起。

· O形腿

站直时，大腿、膝盖和迎面骨不能贴在一起，只有脚后跟能贴在一起。

腰部尽量挺直，抓住椅背。膝盖紧贴在一起，下坐再站起。一秒一次，做50次。连续做3组或者一天做3组。

体形矫正 21

腿

X 形腿打造成 1 字腿

50 次×3 组

要点

双腿长度不一的情况下，短腿稍微向前，双脚贴紧做动作。

局部图

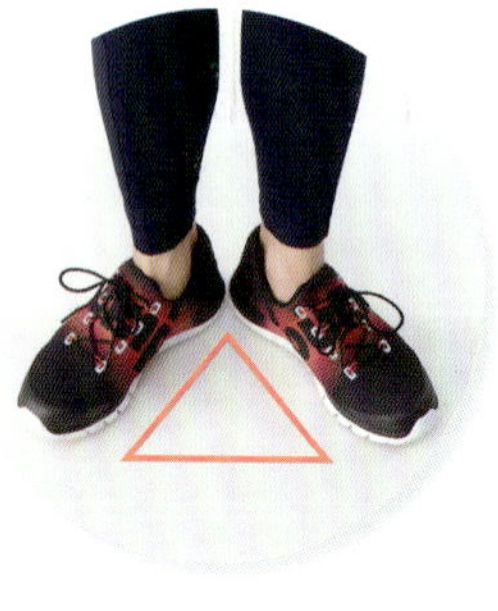

站立，离椅子约 30cm，手指尖放在椅背角上。脚后跟贴紧，双脚呈倒三角形，脚尖分开。如果光脚可能在做动作时双脚分离，所以一定要穿鞋做此动作。

效果 臀中肌(臀部侧面肌肉)变弱,股关节向身体外侧倾斜,膝盖向里倾斜,就会变成 X 形腿。坚持做这一矫正操,能强化臀中肌,让股关节和膝盖回到原来位置,打造 1 字腿。

自我诊断

· 1 字腿

站直时,大腿、膝盖和脚后跟能贴到一起。

· X 形腿

站直时,大腿、膝盖贴在一起,迎面骨和脚后跟不能贴在一起。

腰部尽量挺直,抓住椅背。膝盖向外伸展,下坐再站起。一秒一次,做 50 次。连续做 3 组或者一天做 3 组。

4
PART

第4部分

脸部矫正操

脸部矫正操是不接触脸就能矫正脸部的矫正操。它主要通过锻炼连接脸部和颈椎的肌肉达到理想的矫正效果。并且这不同于整形手术和经络按摩，效果会更加持久。可以通过脸部矫正操找回最初的身体和脸部状态，让五官回归原位，精致而又和谐。

微信扫描本页二维码，回复“脸部”观看本部分视频

通过矫正身体进而矫正脸部的神奇矫正方法

通过矫正体形解决脸部问题

很多女性朋友对脸部有不满意的地方时，会选择手术或者微调。但是慢慢地，脸部又变成原来的样子。因为脸部问题归根结底还是体形问题。换句话说，矫正好体形就能找回最初的面容。第 4 部分中的动作都不会直接接触脸部，而是通过矫正脸部相应的身体部位来改善脸部问题。让脸和体形都变得很好看。

集中缓解颈部和肩部肌肉

和脸部相连的只有颈椎和肩部肌肉。如果颈部和肩部出现异常，那么脸部也会有问题。因为眼睛、鼻子、嘴巴、额头、颧骨、下巴等全部都和颈部连接在一起。所以矫正好颈部和肩部的肌肉，不对称的脸也会变得对称，看起来更舒服。

腰部和骨盆决定脸部轮廓

如果腰部和骨盆倾斜变形会引发很多问题，如：嘴唇会歪，脸颊皮肤弹性下降，长八字纹等。这样，脸部轮廓便会越来越模糊。所以解决了腰部和骨盆的问题，不仅能减少脸上的赘肉和皱纹，恢复皮肤弹性，还能放松僵硬的颈部和肩部的肌肉。

而且，矫正好腰椎、骨盆和周围的肌肉，就能慢慢改变脸部轮廓，拥有更美丽的脸庞。

打造和谐的脸形和五官

虽然可以通过整形手术变漂亮，但是如果通过手术来调整某一个部位，很容易变成一张“人造脸”。而脸部矫正操却能让小眼睛变大，宽大的颧骨变得有型，拯救下垂的嘴唇，打造柔和的下颌线。即，帮助你寻回初生之美。

颈部和肩部做拉伸运动更有效

长时间坐着工作或因压力使颈部和肩部僵硬时，可以通过拉伸运动缓解。特别是颈部的肌肉僵硬，阻碍大脑血液运输，常常会出现头痛的症状。这时候做拉伸运动会觉得全身清爽。准备操和收尾操对缓解肌肉僵硬特别有效，可以长期锻炼。

脸部矫正操锻炼方法	1. 先做全身准备操，再做脸部矫正操。 2. 先做准备操，再做矫正具体部位的操，最后做收尾操。 3. 如果只重点做特定的部位矫正操，有可能会打破身体原本的平衡。所以不能只做部分矫正操，而应该和其他的操一起做。 4. 如果能按照书中要求做动作最好，勉强时可以根据自己的承受能力而定。 5. 做动作时，保持呼吸平和。 6. 书中介绍的是可以看见效果的最少次数，如果有余力，可以一天重复几次。 7. 平时要努力维持正确的姿势。

脸部矫正准备操

颈椎矫正基本姿势

20 次

1

要点

一定要坐在硬的地面上。如果坐在软的沙发或者床上，腰不能完全挺直。如果觉得屈膝坐立很累，那么可以坐在硬的椅子上。

屈膝坐在地面上。双手自然放在大腿上。

效果 此动作可矫正和脸部相连的颈椎。如果让变形的颈部恢复原状，则能改善脸部不对称。在此基础上再做其他部位矫正操，效果会更加显著。

要点

下巴往后收的同时肩部自然往内微收。尽可能将下巴往回收。

2

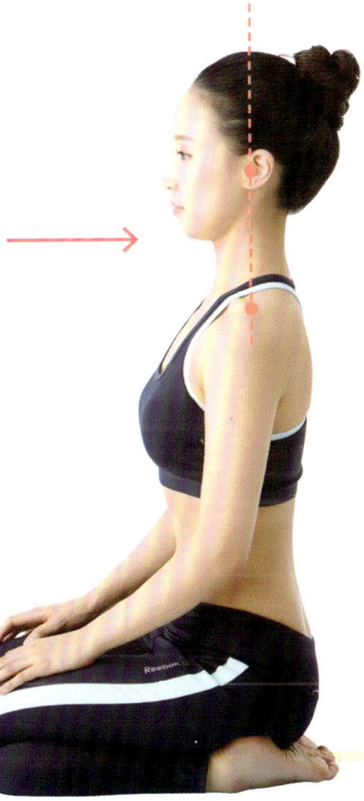

挺直腰，从侧面看，耳朵和肩部中心成一条直线。尽量将下巴往回收。做 20 次。

> **提示** 收下巴的时候，最好双手按压大腿作为支撑。如果做过几次，颈椎已经恢复可以矫正的程度，可以手心朝上放在大腿上以刺激颈部和肩部肌肉。

脸部矫正

1 打造圆润的额头

30次

屈膝挺腰坐立。耳朵和肩部在一条直线上，尽量收下巴，做颈椎矫正基本姿势。这时手心朝上放在大腿上。

效果 如果后颈和头连接的发际线处肌肉错位或堆积，额头容易凹凸不平。因此我们通过这个动作来拉伸后颈变形的肌肉，打造童颜圆润的额头。

手心朝向脸部，双手重叠，指尖处轻轻地放在下巴上。手腕处发力，像按开关一样按压下巴。快速做 30 次。

脸部矫正

2 打造清晰分明的眉眼

10次

屈膝挺腰坐立。耳朵和肩部在一条直线上，尽量收下巴，做颈椎矫正基本姿势。手心朝上放在大腿上。

效果　耳朵后面的乳突骨周围肌肉如果变形，外眼角和眼皮会下垂，眼睛大小和位置会发生变化。如果能把这些问题解决，眉眼自然就清晰分明了。

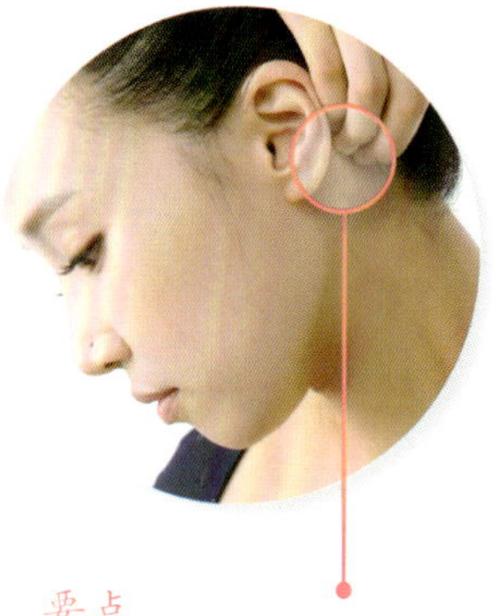

要点

把手放在乳突骨（耳朵后面突出来的骨）旁边凹进去的位置处，用手指按住乳突骨。然后，肩部和身体固定，将颈部向另一边拉伸。

用右手抓住左耳的乳突骨。此时手指全部接触乳突骨，呈半圆形。将颈部向右侧按压拉伸，按压 10 秒。回到动作 1，做 10 次，然后反方向重复。

脸部矫正

3

打造迷人卧蚕

10次

屈膝挺腰坐立。耳朵和肩部在一条直线上，尽量收下巴，做颈椎矫正基本姿势。双手合十，小臂向上竖起，用双手拇指轻轻抵住下巴中央。

效果 后颈僵直会导致眼部肌肉下垂，出现黑眼圈。如果后颈的肌肉恢复弹力，那么眼睛下方就会饱满起来。和“打造丰满鼻翼(第126页)”矫正操一起做效果更佳。

错误

如果双肘分开，将无法将下巴推向最后方。

腰部尽量挺直，用拇指抵住下巴，往后仰。再回到动作1，做10次。

脸部矫正
4

打造丰满鼻翼

20次

1

屈膝挺腰坐立。耳朵和肩部在一条直线上，尽量收下巴，做颈椎矫正基本姿势。双手叠放在头顶。

效果　如果鼻翼和颧骨中间部下垂，脸部会失去生气，看起来容易显老。如果后颈僵直，鼻翼便会深陷。因此，可以通过拉伸后颈的肌肉来打造丰满的鼻翼。

要点

在脊椎保持直立的情况下，拉伸后颈。如果背和腰弯曲的话，则起不到拉伸后颈的效果。

用手指尖发力，将头部往下按，维持 10 秒。下巴尽量靠近胸部。然后慢慢地抬起头。回到动作 1，做 20 次。

脸部矫正
5
平复凸出的颧骨

30次

屈膝挺腰坐立。耳朵和肩部在一条直线上，尽量收下巴，做颈椎矫正基本姿势。手心朝上放在大腿上。

效果 如果头习惯性地倾向某一侧，颈部周围肌肉便会出现问题，颧骨会随之变大。若长期坚持做这一动作，能全方位放松颈部肌肉，平复凸出的颧骨。

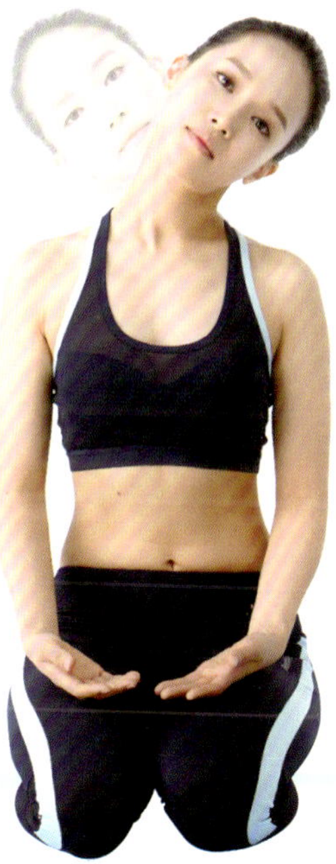

在身体固定的状态下，颈部向一侧尽量下压，之后回动作1。再反方向下压颈部，再回到动作1。做30次。

脸部矫正

6

提升紧实脸颊

50次

1

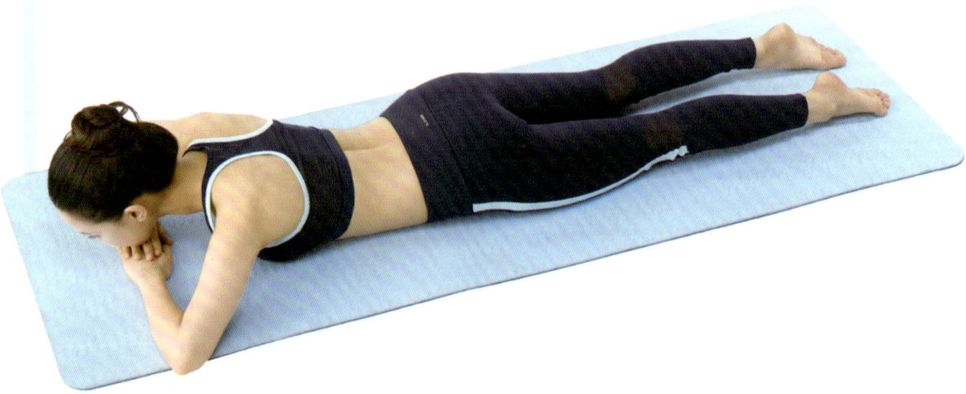

俯卧，双手掌心向地重叠。下巴放在重叠的双手中间，注视地面。

2

左腿向后弯曲，脚向臀部方向尽量拉伸。此时，提起腿部让骨盆和腰部抬起。

效果 若臀部肌肉无力而向两边下垂，脸部也会变宽下垂。腿部快速有力地向后弯曲，能有效地锻炼臀部肌肉。可以通过提升弹性和力量的同时改变臀部下垂状态，提升脸部肌肉。

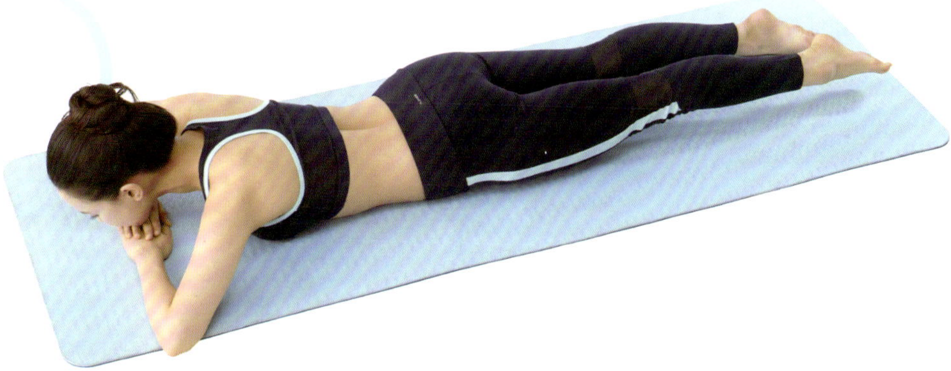

骨盆和腰发力，左腿像弓一样在地上反复弹收。注意不要膝盖先着地。做 50 次，之后再反方向重复。

提示 观察镜子，如果脸部一侧下垂严重，再单侧追加 50 组。

错误

腿在弯曲向上提时，如果腰部、骨盆、膝盖不离开地面，将无法刺激臀部肌肉，更起不到效果。

脸部矫正

7 打造轮廓清晰的嘴唇

50次

俯卧，手肘着地支撑，手腕合并，手掌张开，支撑下巴。左腿向上尽量使骨盆抬起。注意膝盖伸直。

效果　骨盆中间有一块手掌大的反三角形的骨骼，叫骶骨。骶骨变形嘴角会高度不一，导致嘴唇变形。我们通过锻炼骨盆的肌肉来调节骶骨的位置。让嘴唇轮廓清晰。

腿向身体外侧伸出，再回到动作 1，快速做 50 次。随后反方向重复。

提示　观察镜子，嘴角倾斜严重的一边，再单边追加 50 次。

脸部矫正

8 去除八字纹

20 次

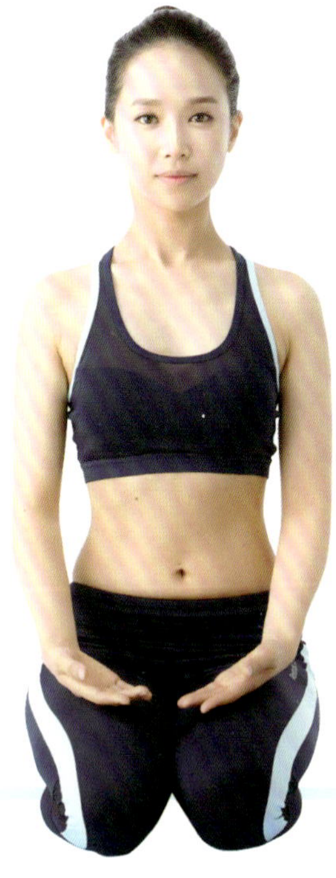

屈膝挺腰坐立。耳朵和肩部在一条直线上，尽量收下巴，做颈椎矫正基本姿势。手心朝上放在大腿上。

效果 如果脊椎支撑的腰部肌肉无力，鼻翼弹性下降，从鼻翼到嘴角处便会出现八字纹。此动作可以强化腰部肌肉，去除从皮肤深层长出的八字纹。

右臂垂直向上伸，左手手心向上，左臂向左平直伸出。

在骨盆固定的状态下，两只手臂间距维持90°，上身尽量向左倾斜。维持姿势10秒，再回到动作1，做20次。反方向重复。

3

在骨盆固定的状态下，两只手臂间距维持90°，上身尽量向左倾斜。维持姿势10秒，再回到动作1，做20次。反方向重复。

错误

腰部倾斜的时候，双臂角度小于90°，脊椎左右移动会影响矫正效果。

脸部矫正

9 打造柔和的下颌线

20次

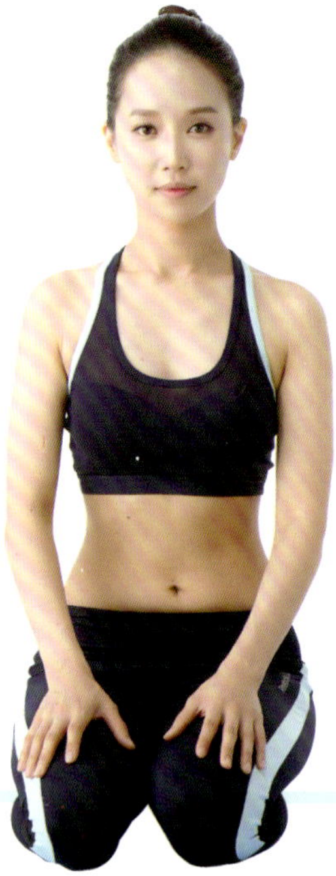

1

屈膝挺腰坐立。耳朵和肩部在一条直线上，尽量收下巴，做颈椎矫正基本姿势。手自然放在大腿上。

效果 如果颈部和肩部变形,下巴会向外凸出变成“方下巴”,给人凶煞的感觉。可以通过这个动作矫正颈部和肩部的位置，让下颌线变得柔和。

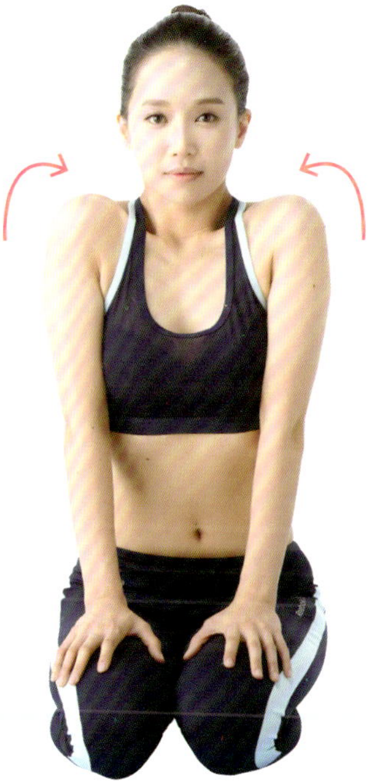

要点

如果旋转肩部很困难,就将肩部垂直抬起后再放下。

肩部从前面开始旋转,向上抬起。双手手掌向下压大腿，颈部和锁骨有明显拉伸感。肩部提到最高位置后,在肩部不用力的情况下快速放下肩部。做 20 次。

脸部矫正收尾操

20次

活用拇指放松颈椎肌肉

局部图

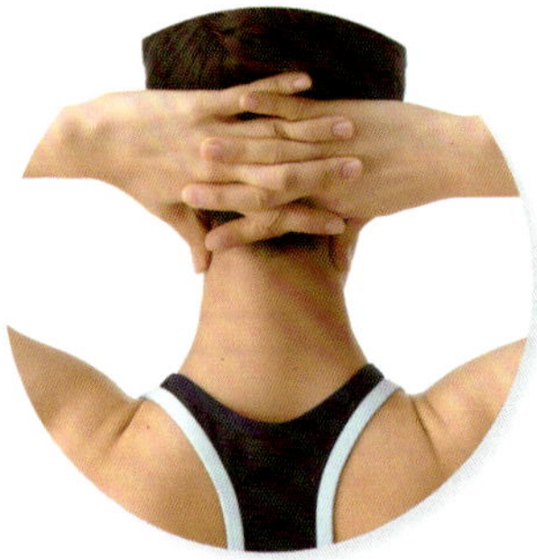

1

屈膝挺腰坐立。双手十指交叉放在脑后。拇指顺势张开，放在颈椎两侧柔软的部位。

效果 仔细按摩颈椎肌肉。用手直接按摩颈椎肌肉，放松颈部和肩部紧缩的肌肉。尽量矫正颈椎。

局部图

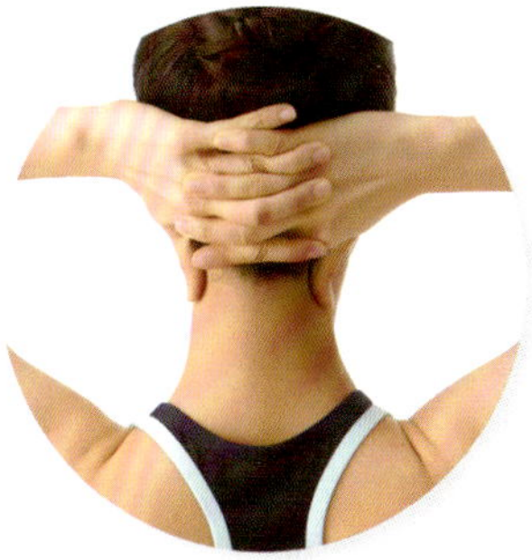

要点

拇指按住颈椎左右两侧，交叉手指发力向下按压头部。再回到动作1，重复20次。

挺直腰，从侧面看，耳朵和肩部中心成一条直线。尽量将下巴往回收。做20次。

> **提示** 拇指按压住颈椎左右侧肌肉的状态下，也可以将颈部向后仰或者向左右活动来放松颈椎肌肉。

日常生活中的正确姿势和错误姿势

即使通过矫正操矫正了身体，但是如果不改变日常的错误姿势，身体也可能再次变形。千万不可掉以轻心。请一定放弃那熟悉而又安逸的姿势，一定要抬头挺胸以及挺直腰背。如果做不到自我改变，脸和体形也不会变美。

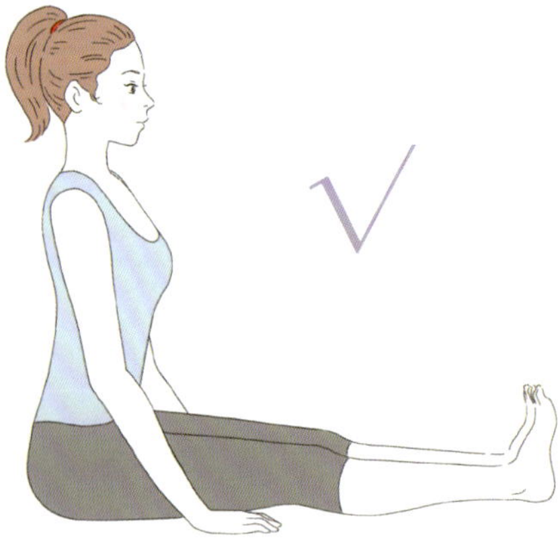

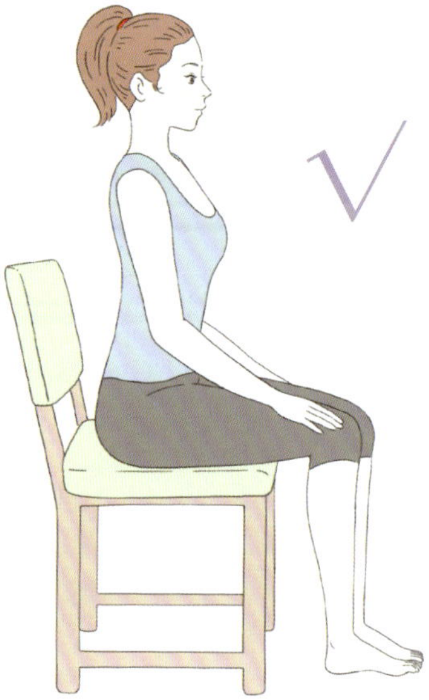

坐立或躺下时，一定要有骨骼贴在坚硬的地面上的感觉

在有软坐垫的椅子或者地上坐着，会觉得很舒服。但是在柔软的地方休息久了反而不易保持体形。所以休息的时候，即使不太舒服也要在比较坚硬的地方坐着或者躺着。只有这样才能防止脊椎变形。如果觉得地面太硬，可以铺上垫子。但是要注意的是，让骨盆陷进去的软垫子是不可取的。最好是能有坐在较硬地面上的感觉。

坐在椅子上时，最好向前坐一些，腰部用力，伸直脊椎

从我们身体的构造来看，只有腰部轻轻用力，脊椎才会伸直。如果臀部全坐在椅子上的话，背会依靠在椅背上，这时腰部就会放松。所以尽量将臀部向前坐一点，让双脚能够着地。腰部发力，让脊椎伸直，保持姿势。

坐立的时候双腿夹紧，脊椎就能自然地伸直

在看电视、手机或坐在桌前用电脑时，容易习惯性地低头弓背。这时可以用绳子或者腰带将双腿绑起来。因为腿部不分开，脊椎就能自然伸直。

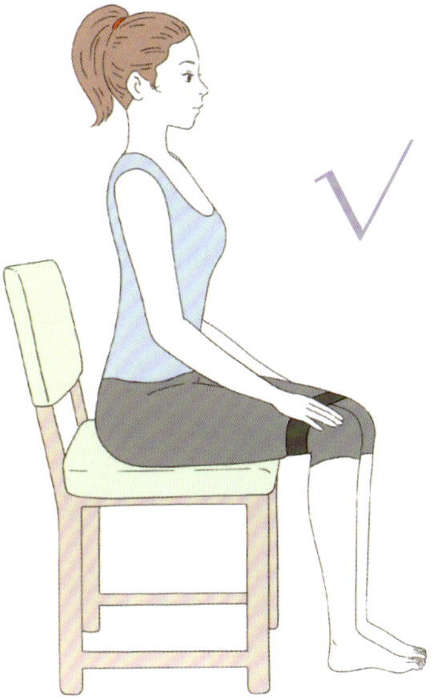

如果倾斜坐立，臀部会单侧受力，身体也会随之变形

最舒服的姿势就是最坏的姿势。向一边倾斜依靠时，身体会很舒服，但是脊椎很有可能脱离原来的位置。我们坐着或者躺着的时候，若用单手支撑在书桌或者地面上会让臀部单侧受力。我们身体以脊椎为中心分成左右两部分，如果只是一侧受力肩部和颈部会错开，导致肩部向前屈。请谨记这是体形不对称的“元凶”之一。

坐下时，单腿竖起，另一条腿盘起的姿势对脊椎非常不宜

坐在地上时，我们容易习惯性地盘成"婆婆腿"，这样会让骨盆和脊椎变形。因为盘在地上的腿会让关节向外倾斜。让腰挺直在想象中是很容易的。但是身体倾斜重心偏移时，挺直腰反而会让脊椎过度受力而向一边倾斜。另外，双腿都竖起坐立时，也会让颈部、肩部弯曲，从而导致骨盆和脊椎变形。因此，在地上坐立的时候一定要让双腿伸直。

以一条腿为重心站立的姿势会让脊椎倾斜变形

一条腿发力，另一条腿放松，以一条腿为重心的站立姿势有很多缺点。这种姿势会导致骨盆不均衡、双腿长短不一等各种不对称问题。单腿用力站立一两次没有任何问题，但是如果变成习惯，骨骼和肌肉会处于左右不对称的状态，身体也会变得僵硬。所以站立的时候一定要双腿稳住重心，均衡受力，分散用力。如果想倚靠的时候就靠在墙上。

对脸形和体形有害的生活习惯

· 用一边牙齿咀嚼食物。

· 支撑下巴。

· 用高高的枕头。

· 把电话夹在肩部和颈部之间接听。

· 躺着看手机。

· 躺着看电视。

· 侧卧睡觉。

· 使用柔软的被褥。

· 倚在椅背上。

· 连续使用电脑 2 小时以上。

· 大部分时间都坐在桌前。

· 跷二郎腿。

· 盘腿坐立。

· 单腿受力站立。